Johannes Reimer
Der Verweigerer

Zu diesem Buch

Der Theologe Johannes Reimer erzählt hier seine eigene Geschichte: In einem Internierungsdorf für Deutsche in Sibirien geboren, wird er schon als junger Schüler in kommunistische Jugendorganisationen eingebunden. Irgendwann kam der Tag, an dem der junge Aktivist den Auftrag erhielt, zwei Christen vom Glauben abzubringen. Eine intensive Auseinandersetzung mit der christlichen Religion entbrannte. Irritiert von der Anziehungskraft des Christentums, begann Johannes Reimer seine Suche nach Gott. Und dieser offenbarte sich ihm in einer dramatischen Stunde!
Als der 19-jährige Johannes Reimer zum Militärdienst in die Rote Armee einberufen wird, verweigert er den Dienst mit der Waffe und durchleidet danach die schwersten Monate seines Lebens. Von anderen Soldaten gemobbt und gefoppt, von Vorgesetzten belauert und drangsaliert, bleibt er dennoch standfest und versucht alles, um seinen neu gefundenen Glauben und seinen Gott nicht zu verleugnen. Nur knapp entkommt er dem sicheren Tod ...

Der Autor

Johannes Reimer ist 1955 als Sohn deutscher Eltern in Russland geboren. 1976 Umzug nach Deutschland. Reimer besuchte die Bibelschule Wiedenest und studierte Theologie in Hamburg und Fresno, USA. 1986 gründete er das Missionswerk LOGOS International, 1995 promovierte er zum Doktor der Theologie. 1997 wurde er zum Professor ernannt. Heute leitet er die Gesellschaft für Bildung und Forschung in Europa und lehrt an der University of South Africa (UNISA), an der Bibelschule Wiedenest und an der Akademie für Christliche Führungskräfte zu gemeinde- und missionsbezogenen Themen. Reimer ist verheiratet mit Cornelia und hat mit ihr drei Kinder. Er hat im Logos Verlag bereits viele Bücher veröffentlicht.

Johannes Reimer

Der Verweigerer

Glaube im Schmelztiegel der Roten Armee

(Ergänzte und erweiterte Neuauflage)

Brunnen Verlag · Basel und Gießen

ABCteam-Bücher erscheinen in folgenden Verlagen:

Aussaat Verlag Neukirchen-Vluyn
R. Brockhaus Verlag Wuppertal
Brunnen Verlag Basel und Gießen
Christliches Verlagshaus Stuttgart
Oncken Verlag Wuppertal und Kassel

Bibliografische Information der Deutschen Bibliothek
Die Deutsche Bibliothek verzeichnet diese Publikation in der Deutschen Nationalbibliografie; detaillierte bibliografische Daten sind im Internet über http://dnb.ddb.de abrufbar.

Umschlag: Michael Basler, Lörrach
Foto Umschlag: Corbis, Düsseldorf
Satz: Bertschi & Messmer AG, Basel
Druck: St. Johannis-Druckerei, Lahr
Printed in Germany

ISBN 3-7655-3844-2

Inhalt

Vorwort

Wir Christen kommen aus den unterschiedlichsten Motiven zum Glauben. Die meisten denken da zunächst an sich selbst. Die Angst vor der ewigen Verdammnis treibt die meisten auf die Knie. Oder die Ausweglosigkeit eines verpfuschten Lebens. Wir suchen in Gott einen Anker, einen Halt, einen neuen Anfang. Und es ist gut und richtig so. Gott hat da noch niemanden enttäuscht. Sein Beistand ist jedem sicher, der sich an ihn wendet.

Aber Angst, Verzweiflung und Ausweglosigkeit sind schlechte Berater, wenn es darum geht, bei Gott zu bleiben. Da geht es um andere Kategorien. Und allem voran stellt die Bibel die Liebe zu Gott (1. Korinther 13). Liebe ist bekanntlich nicht auf Gegenleistung angewiesen. Ist sie es, so verliert sie das Recht, Liebe genannt zu werden. Das ist der Grund, warum wahre Liebe göttlicher Natur ist. Der Mensch, der lieben will, muss von neuem geboren werden (1. Johannes 4,7).

Ist er aber von neuem geboren, so wird es nicht lange dauern, und die Liebe wird getestet. Die Welt um uns herum wird nicht von der Liebe, sondern von Eigennutz und Egoismus getrieben. Da ist alles auf Leistung und Gegenleistung aufgebaut. Tust du mir etwas Gutes, so kannst du auch von mir Gutes erwarten. Aber wehe, du bist mir böse! Wie du mir, so ich dir – das ist das Motto dieser Welt.

Nicht so bei Gott. Nicht so bei Jesus. Geradezu revolutionär klingen seine Worte in Matthäus 5,38–44, wenn er schreibt:

> Es heißt auch: «Auge um Auge, Zahn um Zahn!»
> Ich sage euch aber: Leistet keine Gegenwehr, wenn man euch Böses antut! Wenn jemand dir eine Ohr-

feige gibt, dann halte die andere Wange auch noch hin! Wenn einer dich vor Gericht bringen will, um dein Hemd zu bekommen, so gib ihm auch noch den Mantel! Und wenn einer von dir verlangt, eine Meile mit ihm zu gehen, dann geh zwei Meilen mit ihm! Gib jedem, der dich um etwas bittet, und weise keinen ab, der etwas von dir leihen will. Es heißt bei euch: «Liebt eure Freunde und hasst eure Feinde!» Ich sage aber: Liebt eure Feinde und betet für alle, die euch verfolgen!

Nicht Vergeltung, sondern Liebe, nicht Fluch, sondern Segen! Und das auch dann, wenn wir es mit unseren Feinden und Verfolgern zu tun bekommen.

Als ich zum ersten Mal diese Worte las, da gingen sie mir mächtig gegen den Strich. Was verlangt Jesus hier? Welch ein Schwächling wird hier gezüchtet? Ein Mensch, der sich nicht wehren darf – kann ein solcher Mensch die Gesellschaft verändern? Alles in mir schrie NEIN! Ich hatte es lange genug gelernt: Der Schwache überlebt nicht. Alles Lebende steht schließlich in einem Evolutionsprozess, und nur die Stärksten überleben. Die Worte Jesu schienen seinen Jüngern in diesem natürlichen Auswahlverfahren keine Chance zu lassen. Und das ärgerte mich.

Doch je mehr sich meine Gedanken von den materialistischen Vorlagen entfernten, desto klarer entdeckte ich die Kraft dieser Worte. Nicht in der Gewalt, sondern in der Liebe liegt die wahre Kraft. Lieben, wie Jesus geliebt hatte, so wollte auch ich bald leben. Nein, es waren weniger die Predigten in der Gemeinde, die mich von der Gewaltlosigkeit der wahren christlichen Existenz überzeugten. Ich kann mich nicht daran erinnern, einmal eine Predigt über Frieden und Gewaltlosigkeit von der Kanzel in unserer Gemeinde gehört zu haben. Es war die Begegnung mit Jesus, dem Jesus der Evangelien, die in mir die tiefe Klarheit schuf: Als Christ kann ich keine Gewalt befürworten. So entschloss ich mich zur Kriegsdienstverweigerung. Ein Entschluss, der bald zu der ersten großen Glaubensprüfung meines Lebens wurde.

Ich war 19 Jahre alt, als man mich in die sowjetische Armee einzog. Ich war erst kurze Zeit davor zum Glauben gekommen und fühlte mich keineswegs den Herausforderungen dieser dem christlichen Glauben überaus feindlich gesonnenen sowjetischen Institution gewachsen. Dazu noch entschied ich mich, den Dienst mit der Waffe zu verweigern. Natürlich war das nicht möglich. Natürlich durfte es im patriotisch gesonnenen kommunistischen Vorbildland keine Verweigerer geben. Ich wusste das. Ich hatte Angst, aber ich wollte Gott mehr gehorchen, als es meine Fähigkeiten und Möglichkeiten zuließen. Und Gott? Hatte er mich enttäuscht? Natürlich nicht. Alles andere wollte ich heute in meinem Leben missen, nur nicht die Zeit im sowjetischen Militär. Hier wurde mein Glaube hart auf die Probe gestellt, und hier offenbarte sich Gott mir, wie ich es niemals für möglich gehalten hätte.

Wenige Monate vor meiner Einberufung besuchte ein bekannter Prediger unsere Gemeinde; ein Mann, der viele Jahre seines Lebens in Gefängnissen und Lagern verbracht hatte. Erst als Verbrecher und später, nach seiner Bekehrung, auch als Christ. Eindrücklich sprach er zu uns jungen Menschen über den Text aus Philipper 3,7–14. «Wer Jesus und seine Auferstehungskraft erleben will, der muss erst einmal bereit sein, den Weg des Leidens zu gehen», sagte er. «Leidensbereitschaft und die Erfahrung der Kraft des Auferstandenen gehören zusammen. Niemand kann Jesus und die Macht seines Wortes ganz erfahren, wenn er sich nicht wie Jesus bis aufs Letzte entäußert. Zeuge sein heißt zunächst einmal das sein, was das griechische Wort Zeuge, ‹Martys›, besagt: Märtyrer!»

Nikolai, so hieß der Mann, idealisierte die Leiden nicht. Man konnte es den vielen Narben auf seinem Gesicht ablesen, dass hier jemand sprach, der jedes Wort über das Martyrium erlitten hatte. Nein, es waren keine leeren Worte. Viel Erfahrung sprach aus seinen Worten. Seine Rede faszinierte mich. Ich wollte Jesus, meinen Herrn, näher kennen lernen, ich wollte die Kraft der Auferstehung nicht nur theoretisch kennen. Nicht so, wie ich es zur Genüge im Leben meiner Mitgläubigen studieren konnte. Ja, man glaubte jedem Wort der Heiligen Schrift. Ja, man war überzeugt, dass der Glaube an Jesus Berge versetzen könne. Natürlich könne Jesus Kranke heilen, Tote auferwecken, Kraft wirken und Wunder tun. Schließlich sei die Bibel voller solcher Geschichten. Geschichten, an deren Wahrheitsgehalt niemand in meiner Umgebung auch nur ansatzweise zweifeln würde. Nur erlebten die wenigsten von uns die Macht solcher Verheißungen. Ich auch nicht. Und das machte mir großen Kummer und Sorgen.

Ausprobiert hatte ich es nicht nur einmal. Ich habe für Kranke gebetet – sie blieben krank. Ich bin einem Leichenzug nachgegangen und habe zu Gott gefleht, den lieben Bruder doch von den Toten auferstehen zu lassen – aber er wanderte unweigerlich ins Grab. Keine Frage, meine Fruchtlosigkeit ließ viele Fragen offen. Ich verstand nicht, warum Gott den Gläubigen Zeichen und Wunder zusagt, zum Beispiel im Markus-Evangelium 16,15–20, und diese dann in der Praxis nicht eintrafen.

Natürlich besprach ich meine Fragen mit den Geschwistern in der Gemeinde. Aber ihre Antworten befriedigten mich nicht. Hier wurde alles damit erklärt, dass wir in der letzten Zeit leben und diese Zeit eben von Abfall und nicht von Wundern geprägt sein müsse (2. Timotheus 3,1–9). Nikolais Worte dagegen machten Sinn. Ich müsse die Gemeinschaft der Leiden erleben, um von Jesus in die Gemeinschaft der Kraft hineingenommen zu werden (Philipper 3,10).

Mit der Berufung zum sowjetischen Militär schien der Herr mir nun die Chance zu geben. Welche Herausforderung! Sie machte mir Angst, beflügelte mich aber auch in der Hoffnung, neue Tiefen der Beziehung zu Jesus zu erleben. Ja, ich wollte den Dienst im sowjetischen Militär verweigern. Aus Überzeugung. Aus meinem neu gewonnenen Verständnis der Liebe Gottes. Aber auch, weil ich nun glaubte, Jesus Christus auf eine ganz andere, in der Bibel längst verheißene Art und Weise begegnen zu können. Die Glaubensprobe würde so zum Türöffner in eine neue Welt der Gotteserfahrung für mich werden.

«Der Verweigerer» berichtet nun über diese Tage im Schmelztiegel der Roten Armee. Es ist eine durch und durch wahre Geschichte. Lediglich die Namen der beschriebenen Leute sind alle verändert worden. Ich schrieb meine Erfahrungen Anfang der 80er-Jahre auf, nur wenige Jahre nach diesen Geschehnissen. Man spürt der Erzählung sowohl die zeitliche Nähe zu den Ereignissen als auch jene sprachliche Unbeholfenheit, durch die wohl alle Grenzgänger zu gehen haben, noch immer ab. Auch für diese Neuauflage der Erzählung habe ich mich entschlossen, den Originalton beizubehalten. Immerhin scheint es gerade diese Unbeholfenheit zu sein, die Tausende von Lesern zu diesem Buch greifen ließ, ob es nun in Russland selbst, in Ungarn, in der Slowakei oder in Nordamerika war. Es ist mein Wunsch, dass auch diese Ausgabe der Geschichte meiner Verweigerung wieder das tut, wozu sie geschrieben wurde: nämlich den Glauben an die unbeschreibliche Gnade Gottes zu vertiefen und zu stärken.

Johannes Reimer
Bergneustadt im Januar 2005

1. Wie alles begann

«Ich werde verweigern, Vater.» Wanja wiederholte seinen Entschluss inzwischen fast schon verbissen und stur.

Eine geschlagene Stunde versuchte Vater Richter schon, seinen ältesten Sohn auf die Folgen und Gefahren solch einer Entscheidung hinzuweisen. Sie stritten miteinander, probierten ihre Argumente aus, doch trotz allem fanden sie keinen goldenen Mittelweg. Den schien es einfach nicht zu geben. Wanja wollte den Wehrdienst, zu dem jetzt eine Einberufung vorlag, strikt verweigern.

«Du stammst doch von den Mennoniten, Vater. Dann musst du mich eigentlich verstehen. Die Mennoniten haben den Militärdienst doch immer aus Prinzip verweigert, weil sie ihre Feinde lieben, oder?»

«Weder du noch ich sind Mennoniten, mein Lieber. Wir gehören zu einer Evangeliums-Christen-Baptisten-Gemeinde, und niemand hier zwingt dich, dieses Opfer zu bringen», konterte der Vater.

Aber Wanja gab nicht auf.

«Baptisten, Mennoniten», argumentierte er, «was macht das schon für einen Unterschied? Ich bin Christ, und als Christ soll ich eben meine Feinde lieben. Wie soll ich sie da noch töten dürfen?»

«Aber wer verlangt das schon von dir?» Vater Richter gab nicht so schnell nach. «Hunderte von Christen sind zum Militärdienst eingezogen worden. Und keiner von ihnen musste töten. Du willst nur etwas Besseres sein. Da merkt man wieder deinen Umgang mit dem alten Bruder Stepanow. Der hat schon manch einem deiner Freunde den Kopf verdreht.»

Vater Richter mochte den Initiativnik[1] Stepanow nicht besonders gut leiden. Stepanows radikale Vorstellungen und seine ständigen Provokationen gegen die Behörden waren ihm nicht recht geheuer.

«Eines Tages landet ihr noch alle im Gefängnis. Aber bilde dir dann bloß nicht ein, du würdest für Jesus leiden. Schlicht und einfach eure Unvernunft und das provokative Verhalten wird euch hinter Gitter bringen.»

Wanja schwieg. Er wusste, dass es sowieso wenig Sinn hatte, mit dem Vater zu streiten. Argumente halfen nicht weiter. Zu tief saß diesem seine eigene Erfahrung mit den Sowjets in den Knochen.

«Du willst raus aus der Sowjetunion, Vater, weil du hier keine Hoffnung mehr siehst. Ich verstehe ja, dass ihr als Deutsche hier ziemlich viel mitgemacht habt. Ich aber will Christus bezeugen, verstehst du, und zwar in diesem Land.»

Die Anspielung auf den eben gestellten Ausreiseantrag verschärfte die Diskussion nur noch.

«Ihr könnt ja auch ohne mich nach Deutschland fahren. Ich werde hier schon zurechtkommen.»

Wanjas letzter Kommentar brachte den Vater gänzlich außer sich. Ärgerlich stand er auf und verließ das Zimmer.

So oder ähnlich verlief im Hause Richter seit dem Einberufungsbescheid für Wanja fast jedes Gespräch. Die

---

[1] «Initiativnik» ist die Bezeichnung für ein Mitglied des Rates der Kirchen der Evangeliums-Christen-Baptisten-Gemeinden, der sich von dem offiziell registrierten Allunionsrat der Evangeliums-Christen-Baptisten trennte und im Untergrund Gemeinden baute. Der russische Begriff Initiativnik ist vom Begriff Initiative abgeleitet und meint Menschen, die die Initiative ergreifen.

ganze Familie machte sich Sorgen. In der allgemeinen Unruhe schien nur die Großmutter Katharina einen kühlen Kopf zu behalten.

«Unser Hänschen» – zu Hause nannte man Wanja nur Hans – «wird bestimmt heile zurückkommen, aber vorher muss er noch manches ausstehen», meinte sie traurig, und dabei legte sich eine Art prophetischer Vorahnung auf ihr Gesicht. Bei ihr, seiner geliebten Großmutter, fand Wanja dann auch immer wieder Trost. Die hitzigen Gespräche mit dem Vater regten ihn ziemlich stark auf. Eigentlich bestätigte die Oma ihn nie in seinen kühnen Plänen, doch – und das zählte eben doppelt – sie unternahm auch keinen Versuch, ihn von der Verweigerung abzubringen. Zu viel Leid und Schmerz hatte sie bereits in ihrem Leben gesehen und erlebt. In den Wirren der Revolution, des Bürgerkrieges und dann im Zweiten Weltkrieg verlor sie ihre Eltern, manche ihrer Geschwister und auch ihren Mann Bernhard, Wanjas Großvater. Sie hatte gelernt, Gottes Wege zu akzeptieren. Ihr weiches und tiefgründiges Wesen wäre wohl als Einziges dazu in der Lage, Wanjas starken Willen und seine waghalsigen Pläne zu korrigieren. Aber sie tat es nicht.

In der Gemeinde sprach Wanja mit keinem über seine Gedanken, den Militärdienst zu verweigern. Ob er vielleicht Angst hatte, man würde ihn von seinem Entschluss abbringen? Wohl kaum. Eher war da eine letzte Ungewissheit, ob er es auch wirklich schaffen würde. Früher, als seine Freunde diese Entscheidung fällen mussten, hatte er gerne und beredt Rat gegeben. Jetzt schwieg er. Auch seiner Freundin Olga sagte er kein Wort. Sie schien trotzdem etwas zu ahnen. Und doch sprachen sie nicht viel miteinander über die Zukunft. Olgas Eltern, die Ratzlaffs, hatten auch einen Antrag auf

Ausreise in die Bundesrepublik Deutschland gestellt. Wanjas Einberufung zum Militär, die geplante Ausreise – das alles machte die Zukunft ungewiss. Und Wanja wollte lieber nicht darüber reden.

Nur mit Stepanow sprach er. Dieser noch gar nicht so alte Bruder war nicht nur für ihn ein wahrer Seelsorger. Seit den Tagen seiner Bekehrung hatte er Wanja und andere junge Christen im Glauben angeleitet. Alles vertraute Wanja ihm an. Seine Fragen wie seine Sünden – Bruder Kolja, wie alle ihn nannten, wurde genauestens informiert. Stepanow belehrte ihn dann und gab ihm Ratschläge, wie er sich in welchen Fällen zu verhalten habe. Jeder Hinweis wurde mit Worten aus der Heiligen Schrift untermauert. Und wie alles andere bei Bruder Kolja waren diese Ratschläge klar, radikal und kompromisslos.

Dann kam der entscheidende Tag. Am 12. Mai wurde Wanja zur medizinischen Untersuchung ins Wehrdienstamt bestellt. Das war Wanjas Gelegenheit, zum ersten Mal in der Öffentlichkeit seine Pläne zu lüften. Aufgeregt lief er die frühlingsfrohen Straßen seiner estnischen Heimatstadt entlang. Es war warm, und überall sah man die ersten grünen Blätter sich der Sonne entgegenstrecken. Die Natur erwachte nach dem langen und kalten Winter zum Leben. Wanja liebte den Frühling. Er gab ihm immer wieder Lebenshoffnung. Wo andere oft frühjahrsmüde herumhingen, brachte ihn dieses Erwachen der Natur auf Touren. Er schrieb Gedichte und Lieder, bastelte an Plänen, organisierte Ausflüge. Der Frühling erfüllte ihn mit Lebensenergie. Doch die Aufregung, die ihn jetzt erfüllte, hatte wenig mit seiner Lieblingsjahreszeit zu tun. Er hatte beschlossen zu verweigern. Jetzt galt es, Farbe zu bekennen. Würde er es schaffen?

An der Bushaltestelle beschloss er, die zwei Kilometer bis zum Amt zu Fuß zu gehen. Er hatte Zeit und wollte seinen Schlachtplan noch einmal überdenken.

Auf dem Weg zum Amt lag ein großer Park mit einem künstlich angelegten Teich in der Mitte. Hier konnte man Boot fahren oder auch im «Lunapark», der sowjetischen Kirmes, das Riesenrad besteigen. Hier war Wanja, weil die Schule keinen geeigneten Sportplatz hatte, unzählige Male mit seiner Schulklasse zum Sport gewesen. Im Sommer benutzte die Schule den Park für die Leichtathletik-Wettläufe, im Winter bot der gefrorene Teich eine ideale Fläche zum Eishockey und Winterrugby. Hierher ging auch die Jugendgruppe der Evangeliums-Christen-Baptisten-Gemeinde oft zum Picknick, und hier fanden sich nach Einbruch der Dunkelheit gewisse baptistische Pärchen ein ... Auch Wanja hatte so manche Stunde auf dem Teich und den Parkbänken mit Olga verbracht. Dieser Park war in so vieler Hinsicht ein wahres Lebenssymbol für Wanja. Jetzt im Frühling blühten die ersten Gartenblumen, die wie immer einer besseren Pflege bedurften. Aber das bemerkte Wanja nicht. Für ihn war der Park unsagbar schön, auch an diesem Morgen.

«Willst du nun wirklich verweigern, Wanja?» fragte ihn plötzlich eine Stimme. «Willst du es wirklich riskieren, vielleicht niemals mehr hierher zurückzukehren?»

Wanja zuckte zusammen. Wie einer, der peinlich überrascht wurde bei einer verbotenen Handlung, setzte er sich immer schneller in Bewegung, an all den hübschen Blumenbeeten vorbei. Die Stimme bohrte sich immer tiefer in sein Herz, bis er den Schmerz spüren konnte. Plötzlich machte der Park ihm keine

Freude mehr. Er beschleunigte seine Schritte und verließ die grünen Anlagen bei der nächstbesten Gelegenheit.

Nein, er wollte jetzt nicht darüber nachdenken, welche Konsequenzen seine Verweigerung für ihn haben könnte ...

«Die Würfel sind gefallen, die Entscheidung ist getroffen», sagte er laut vor sich hin.

«Aber die Möglichkeit, tatsächlich nie wieder zurückzukehren, die hast du doch noch nie ernsthaft erwogen», argumentierte die innere Stimme.

Ja, das stimmte. Noch nie hatte er wirklich die Kosten überschlagen. Wenn er über Leiden nachdachte, dann war immer etwas Heroisches, Heldenhaftes dabei. Es war nicht schwer, über Leiden zu philosophieren. Doch plötzlich, so schien es ihm, holte ihn ein Stück Wirklichkeit ein.

«Du hast einfach Angst, tierische Angst», versuchte er sich selbst halblaut zu beschwichtigen. «Aber Christus wird diese Angst sicherlich auch zu überwinden wissen.»

Immer wieder zwang er sich selbst auf diese Weise zur Ruhe. Er versuchte gar, in einen seiner Lieblings-Tagträume zu verfallen. Schnell zauberte er aus seinem Gehirn eine Geschichte, bei der er wie immer in solchen Träumen gut aussah und eine heldenhafte Figur machte. Aber es half sehr wenig. Wanja wurde immer unruhiger. Seine Fantasie erstickte. Er versuchte, über etwas Schönes nachzudenken. Aber auch dieser Versuch scheiterte. Unruhe, angstvolle Unruhe erfasste sein Herz. Als er schließlich vor dem Eingang zum Wehrdienstamt stand, wollte sein Herz vor Aufregung zerspringen.

2. Im Wehrdienstamt

Die lang gezogene Vorhalle des Wehrdienstamtes wirkte wie ein halbdunkler Schlauch. Hier warteten bereits 50 bis 70 junge Männer auf Einlass. Einige von ihnen kannte Wanja von der Schule, andere aus dem Technikum. Sie standen meist in kleineren Gruppen herum und unterhielten sich. Wanja schlenderte zwischen den Gruppen hindurch, begrüßte hier und da Bekannte und versuchte zu hören, worüber man so redete. Die wenigsten äußerten ihre Dienstwünsche und in welche Einheiten sie gerne kämen. Meistens sprach man über das, was man unbedingt vermeiden wollte. Über die Arbeitsbataillone hörte er nur negative Bemerkungen.

In einer der Gruppen sprach man etwas leiser. Wanja musste sich anstrengen, um zu verstehen, worum es hier ging. Die jungen Anwärter waren Esten. Sie unterhielten sich auf Estnisch darüber, wie man am besten eine Untauglichkeitsbescheinigung bekommen könne. Fieberauslösende Tees, vorübergehende Allergie-Effekte und sogar psychische Erkrankungsmerkmale wurden da gehandelt.

«Na, diese hier wollen auf jeden Fall zu Hause bleiben», stellte Wanja fest, erleichtert darüber, dass es noch andere, wenn auch passive Verweigerer gab und nicht jeder zum Militär wollte.

Plötzlich winkte jemand Wanja zu. In ein paar Metern Entfernung stand Valerij, ein ehemaliger Kommilitone aus dem Technikum.

«Na, Alter, was machen die Phosphate?» fragte er und kam auf Wanja zu. «Denkst du immer noch daran, wie man sie unserem lieblichen Baltischen Meer fern hält?»

Valerij hatte mit Wanja im Rahmen ihrer gemeinsamen Diplomarbeit an der Entwicklung einer Anlage zur chemischen Reinigung des Kühlwassers bei Phosphatherstellungsprozessen gearbeitet. Leider wurde die Anlage dann vom Projektleiter wegen «zu hoher Automation» gestrichen. Ihr Gesamtprojekt wurde nach rigoroser Streichung jeglicher Neuheiten dann doch noch angenommen. Seinerzeit regte sich Wanja darüber maßlos auf. Valerij, der weniger kreativ und eher pragmatisch dachte, spöttelte oft darüber. So auch jetzt.

«Nein, das habe ich aufgegeben, Valerij», antwortete Wanja freundlich. «Mein Idealismus ändert offensichtlich doch nichts.»

«Recht so, mein Freund. Siehst du, du bist ein Idealist, ein Baptist und vielleicht noch irgendwas. Und das hilft dir überhaupt nicht weiter. Hättest du davon etwas weniger, dann hättest du erst gar nicht hier aufkreuzen müssen.»

Valerij spielte auf das Diplom mit Auszeichnung an, mit dem Wanja vor kurzem das Technikum absolviert hatte und das ihm eigentlich den Weg zum Weiterstudium öffnete. Aber als Christ hatte er da keine Chance, und Valerij wusste das.

«Hast du dir schon überlegt, in welche Armeegattung du willst?» fragte er nach einer Weile. «Ich jedenfalls gehe zu den Funkern. Ein ruhiger und ungefährlicher Dienst. Und du?»

«Ich verweigere», wollte Wanja sagen, biss sich aber schnell auf die Zunge und sagte dann stattdessen unsicher: «Ich weiß es noch nicht.»

Zum Glück betrat in diesem Moment einer der diensthabenden Offiziere den Raum und bat die jungen Männer zur Untersuchung. Wanja kannte den neugierigen Eifer seines ehemaligen Kommilitonen. Der Offizier rettete ihn davor, Valerij die Wahrheit zu sagen.

Erleichtert schob sich Wanja mit den anderen in den nächsten Raum.

Hier fand zunächst einmal die Registration statt. Ein Unteroffizier nahm die Personalien auf, notierte alle dem Rekruten bekannten Krankheiten und fragte unter anderem nach dem Dienstwunsch.

«Der ist bloß ein einfacher Registraturbeamter, ein Unteroffizier. Der hat sowieso nichts zu sagen», dachte Wanja bei sich und antwortete auch hier ausweichend. Und doch gefiel ihm sein eigenes Verhalten immer weniger. Er wusste, zu Hause würde man ihn fragen, was er denn jetzt gesagt habe. Auch Bruder Kolja würde fragen ...

«Du kannst jetzt nicht mehr zurück», versuchte Wanja sich selbst zu ermutigen. «Das ist doch eine absolute Blamage, wenn du jetzt zurückweichst! Was werden bloß die Leute sagen: ‹Immer groß geredet, und dann so etwas›? Und Christus – was denkt er wohl über einen solchen Feigling wie dich?»

Wanjas Gedanken überstürzten sich, während er von einem Arzt zum nächsten ging. Sein Herz klopfte wild. Sein Gesicht war rot vor Anstrengung. Manchmal schien es ihm, dass die Menschen, die ihn umgaben, seinen Zustand bemerkten. Wenigstens schienen die zum Teil mitleidigen Blicke des medizinischen Personals ihm so etwas anzudeuten. Aber solche Blicke verschärften seine Situation nur noch.

«Sie sind rundum gesund, Genosse Richter», bescheinigte ihm eine nette Ärztin am Ende der Untersuchung seine hervorragende Gesundheit. «Geben Sie nur Ihre Karte vorne an der Registration ab und werden Sie ein vorbildlicher Sowjetsoldat», wünschte sie ihm zum Abschluss. Wanja nahm wortlos die Karte in die Hand und ging damit zur Registration. Der gleiche Unteroffizier nahm sie ihm ab, ohne Wanja dabei besonders anzublicken.

«Jetzt muss ich es ihm aber sagen», drängte sich Wanja verzweifelt zu einem Bekenntnis. Kaum hatte er sich die Sätze einigermaßen zurechtgelegt, da platzte es schon aus ihm heraus:

«Genosse Offizier, ich werde den Dienst mit der Waffe aus Glaubensgründen verweigern.»

Der Unteroffizier sah ihn verwundert an und sagte dann streng:

«Geht nicht, Genosse. Laut unserem Staatsgesetz müssen alle zum Dienst. Alle müssen zur Waffe, auch du. Verstanden? Du bekommst demnächst Bescheid, wann es losgeht. – Der Nächste bitte», fuhr er schon in seiner Routine fort.

Wanja wollte noch etwas sagen, doch der Unteroffizier war bereits mit dem nächsten Rekruten beschäftigt. Und doch schien es Wanja, als wäre seine Karte auf die Seite gelegt worden.

Langsam, fast im Zeitlupentempo, entfernte sich Wanja von der Registration. Seine Knie zitterten, als er das Amtsgebäude verließ, und doch fühlte er sich sehr erleichtert. «Jetzt komme ich einfach zur Arbeitseinheit, und dann wird es schon irgendwie werden.»

«In einer Woche», hörte er jemanden am Ausgang sagen, «wird bereits die erste Gruppe der Rekruten die Stadt verlassen.»

«In einer Woche beginnt für mich ein neuer Lebensabschnitt.» Wanja wurde bei diesem Gedanken bange. Er fühlte sich auf einmal schrecklich müde. Nur mit Mühe schaffte er es bis zur Bushaltestelle. Im Bus sah er aus dem Fenster. Draußen pulsierte das Leben. Der Frühling kleidete die Stadt in frische Farben ein. Doch merkwürdig, zum ersten Mal in seinem Leben spürte er dabei keine Freude. Er fühlte sich so wie früher, wenn er mal einen Boxkampf verlor und sich geschlagen und beschämt nach Hause schleppte. «Leicht wird das nicht, was ich mir da vorgenommen habe», kam ihm immer wieder der Gedanke. Und als würde jemand seine Gedanken hören, hallte in seinen Ohren die Stimme, die ihm auf dem Weg zum Wehrdienstamt so viel Unruhe einflößte: «Schwer wird es, Wanja, furchtbar schwer.»

3. Unterwegs zur Kaserne

Der Zug setzte sich langsam in Fahrt. Eine Lokomotive uralter Bauart hatte anfangs offensichtlich Mühe, die lange Kette von Waggons in Bewegung zu bekommen. Für einen Augenblick schien der Zug stehen zu bleiben; dann aber, mit einem gewaltigen Ruck, überwand das schnaufende Metallross das Gewicht der angehängten Kette und wurde siegesgewiss immer schneller und schneller.

In einem der so genannten allgemeinen Waggons fand im speziell für sie reservierten Abteil eine kleine Gruppe frisch einberufener Rekruten Platz. Müde von den langen Tagen des Wartens im Einberufungszentrum in Tallinn suchten sie nun so schnell wie möglich den besten Platz zu ergattern. Sie hatten sehr wahrscheinlich einen langen Weg vor sich. Die begleitenden Offiziere verrieten zwar nicht, wohin die Reise ging, deuteten jedoch an, dass es eine weite Reise werden würde.

Wanja kam zu spät, um einen besseren Platz zu bekommen. Er musste auf die oberste, dritte Liege, was ihn aber nicht besonders bekümmerte.

«Da kann ich vielleicht ungestört mein Evangelium lesen», dachte er, und bei diesem Gedanken wurde ihm warm ums Herz.

Er kletterte hinauf, verstaute sein Hab und Gut und holte dann aus der Tasche ein Stück Brot heraus, das vom gestrigen Abendessen übrig geblieben war. Langsam begann er, bedächtig darauf herumzukauen. Das Brot war bereits trocken geworden, doch Wanja, ganz in Gedanken versunken, bemerkte es fast nicht.

Der Zug passierte Dörfer, Wälder und immer wieder riesige Felder, die erst vor wenigen Tagen nach dem langen Winter frisch gepflügt worden waren. Der Frühling brachte den Menschen auf dem Land wieder Leben und Arbeit.

Der Zug fuhr zuerst einmal in Richtung Moskau. Die Strecke war Wanja, der bereits einige Male in Richtung Hauptstadt gefahren war, allerdings völlig unbekannt. Sonst, auf seinen früheren Reisen, verbrachte Wanja meist Stunden am Fenster; heute dagegen schienen ihn weder die Landschaft noch die unbekannte Route besonders zu interessieren. Seine Gedanken waren mit der unbekannten Zukunft in der Armee-Einheit beschäftigt.

«Was wird dort bloß passieren?» fragte er sich immer wieder. Trotz wiederholter Versuche, die Offiziere in Tallinn auf seine Verweigerung aufmerksam zu machen, hatte man ihn offensichtlich in eine reguläre Einheit gesteckt. Noch wusste niemand, wohin es gehen sollte, aber die Abzeichen der Begleitoffiziere und Soldaten verrieten es – diese Gruppe von Rekruten war nicht zu den Arbeitsbataillonen unterwegs.

«Warum, warum nur?» fragte sich Wanja immer wieder. «Niemand schien mich mit meinem Anliegen anhören zu wollen. Sie taten so, als würden sie mich nicht einmal ernst nehmen. Gehen die wohl doch noch davon aus, dass ich am Ende weich werde und im Ernstfall kneife? Na klar tun sie das! Sie glauben mir nicht, das ist es. Was wird bloß passieren, wenn wir in der Kaserne sind?»

Wanja hatte Angst. Sein mit so viel Fantasie zurechtgebasteltes Gedankengebäude war dabei, wie ein Kartenhäuschen zusammenzufallen. Von wegen Arbeitseinheit! Gerade ihn, den christlichen Aktivisten, brachte man nun in die reguläre Armee. Er hatte gehört, dass man so etwas nur mit «schwachen Charakteren» machte, mit Christen, denen man sowieso nicht abnahm, dass sie standhaft blieben. Plötzlich erinnerte er sich an die Worte eines seiner Lehrer bei der Absolvierungsfeier im Technikum: «Richter, Sie meinen das mit dem Glauben bestimmt nicht ganz ernst. Einer, der so atheistisch getan hat wie Sie, der kann doch nicht diesen religiösen Spinnern ins Netz gehen.» Sollte dieser Lehrer am Ende noch Recht behalten?

Noch kurz vor der Abfahrt beim Abschied von seiner Freundin Olga, die ihren Urlaub mit ihren Eltern im Kaukasus verbringen wollte, beruhigte er sie, indem er ihr immer wieder sagte, dass zwei Jahre schließlich keine Ewigkeit bedeuteten und das Militär keine Hölle sei. Außerdem wüsste man ja bereits von seiner Verweigerung. Sie brauche also keine Angst zu haben. Irgendwie hatte er all das nicht nur zu Olga gesagt – mittlerweile glaubte er auch selbst daran. Erst die fürchterliche Busfahrt nach Tallinn und dann tagelange Untersuchungen und Erniedrigungen im Einberufungslager, vor allem aber seine Einberufung in die reguläre Armee, brachten ihn wieder auf den Boden der Realität zurück. Nein, es handelte sich nicht einfach um zwei weitere Jahre seines Lebens. Auf ihn warteten Situationen, die er kaum einzuschätzen wusste. Und er ahnte, dass es sehr, sehr schwer für ihn werden könnte. Deshalb spürte er Angst in sich aufsteigen.

Müde schloss Wanja die Augen. Plötzlich kam es ihm für einen Augenblick so vor, als würde der Zug am Bahnhof seiner Heimatstadt halten. Er sah sich aus dem Zug aussteigen und dann die ihm so bekannte Straße bis zum Busbahnhof entlanggehen, und dann ...

Wanja öffnete seine Augen. Die Bilder seiner Vorstellung waren weg. Draußen wechselten die Landschaften.

Der Zug beschleunigte immer mehr und fuhr unaufhaltsam weiter, immer weiter weg von seinem Zuhause. Ein tiefes Gefühl der Einsamkeit überfiel Wanja. Sein Herz schmerzte ihn plötzlich so stark, dass er sich auf seiner Liege buchstäblich zusammenkauerte.

So lag er längere Zeit, das Gesicht zur Wand gedreht. Die Soldaten unten samt den Rekruten schliefen längst. Zwei von ihnen schnarchten fürchterlich. Doch all das fiel Wanja heute gar nicht so besonders auf. Langsam ließ der Schmerz nach. Wie immer in solchen Augenblicken griff Wanja nun zu seinem Schreibzeug und versuchte seinen Schmerz, seine Angst und die alles überschattende Einsamkeit in einem Gedicht zum Ausdruck zu bringen. Gefühle kreativ in Worte und Gedichte umzusetzen, brachte ihm schon immer Erleichterung. Er kritzelte eine Weile vor sich hin. Auf einmal hörte er ganz deutlich, wie jemand zu ihm sprach: «Fürchte dich nicht, denn ich bin bei dir.» Für ein paar Augenblicke hörte er, noch ganz Ohr, den Worten des Propheten Jesaja aus Kapitel 43 zu. Dann schrieb er schnell weiter:

Ich habe einen Freund auf Erden!
Er weiß, was mich in Zukunft erwartet,
Und deshalb wird es sicher werden,
Weil Er die Hilfe jetzt schon startet.

«Was wird denn werden?» fragte sich Wanja dabei für einen Augenblick. Er selbst hatte keine Ahnung. «Aber Gott. Gott weiß es, und er hat seine Hilfe jetzt schon für mich bereit.»

Das Bewusstsein der Nähe Gottes ergriff ihn auf eine bis dahin unbekannte Weise. Seine Augen füllten sich mit Tränen. Und ihm wurde spürbar leicht ums Herz. Er wusste: Gott hatte ihn angerührt und zu ihm gesprochen.

«Egal, was werden wird – es geschieht, was *er* zulässt», sagte Wanja halblaut und drehte sich mit dem Gesicht zum Inneren des Abteils. Bald schon schlief er ein.

Wie immer überraschte der Morgen die reisenden Schläfer. Allmählich wurden die Rekruten wach. Auch Wanja öffnete seine Augen und sah vor sich Jewgenij auf der Pritsche sitzen und fluchen.

«Diese blöde Liege», schimpfte er. «Kein Auge habe ich die ganze Nacht zubekommen. Hätten sie uns doch gleich in einem Viehwaggon transportiert!»

Unten lachte jemand laut los.

«Du und nicht geschlafen? Gesägt hast du wie ein Sägewerk. Er und nicht geschlafen. Dass ich nicht lache.»

«Komm, Jewgenij, so übel war es doch gar nicht», versuchte auch Wanja den Ärgerlichen zu ermutigen. «Ich habe hier ganz gut geschlafen.»

«Du musst ja zu Hause ein ähnliches Gerüst als Bett haben», entgegnete dieser knurrig.

Wanja gab es auf. Immer noch vom Erlebnis des letzten Abends angetan, sprang er auf den kleinen Gang hinunter und weckte damit die drei noch schlafenden Rekruten. Fluchend wünschten sie sich, Wanja sollte vom Erdboden verschwinden. Auch diese Tiraden wurden vom lauten Lachen der mitreisenden Offiziere begleitet.

Der Zug näherte sich der Hauptstadt. Von der anderen Seite aus konnte man durch das Fenster die hübschen Anlagen entlang des künstlich angelegten Moskauer Stausees, von den Moskowitern liebevoll «Meer» genannt, sehen. Viele Passagiere schoben sich durch die schmalen Türen dorthin. Als Wanjas Abteil leer war, kehrte Wanja unauffällig zurück auf seine Liege, holte aus seiner Tasche das dort versteckte Neue Testament hervor und begann darin zu lesen. Er vertiefte sich so stark darin, dass er den hereinkommenden Sergei Stojanow, einen Rekruten aus seiner Heimatstadt, gar nicht bemerkte.

«Hej, Wanja, was tust du da?» fragte dieser nach einer Weile neugierig.

«Ich?» reagierte Wanja erschrocken, «ich, äh ... ach so, nichts Besonderes. Ich lese ein Buch. Ich habe es für die Reise mitgenommen.»

Das unerwartete Auftauchen von Sergei hatte ihn überrascht. Plötzlich bekam er wieder Angst, Sergei könnte weitere Fragen stellen, und dann ... Aber Sergei drehte sich wieder um und verließ das Abteil. Wanja versteckte schnell sein Neues Testament.

«Du hattest bloß Angst, als Christ entdeckt zu werden», ermahnte Wanja sich selbst. Er schämte sich. War das gestern Abend doch nur eine Illusion eines übermüdeten Gehirns? Er drehte sich zur Wand und betete zu Gott. Seine Worte waren ehrlich:

«Herr Jesus, Du weißt, ich habe Angst, und ich bin feige. Bitte hilf mir, Dich nicht zu verleugnen. Ich habe Angst, aber Du hast auch meine Angst schon überwunden.»

Das Gespräch mit Gott gab ihm wieder Mut. Er sah aus dem Fenster. Der Zug passierte gerade die Satelliten-Städte Moskaus. Die Hochhaus-Burgen wirkten grau und trist auf ihn.

«Unsere Hauptstadt», dachte Wanja. «Wie grau bist du. Grau wie das übrige Land.» Dabei musste er schmunzeln. Wie hatte doch einer seiner Freunde die Abkürzung SSR dechiffriert: Aus der «Sowjetischen Sozialistischen Republik» hatte er eine «Graue (russisch

Seraja) Sozialistische Republik» gemacht. Diese unendlichen Plattensiedlungen am Rande der Hauptstadt waren wie nichts anderes Beleg dafür.

Einer nach dem anderen kehrten die Rekruten in ihr Abteil zurück. Der Zug näherte sich dem Bahnhof. Jeder nahm jetzt seine Sachen und ging den Gang hinunter. Wanja folgte ihnen. Er beobachtete ganz gerne die Menschenmengen, welche die einlaufenden Züge begrüßten. Als er dann die zum Teil fröhlichen Gesichter der Wartenden erblickte, überkam ihn erneut Wehmut. Vor seinem geistigen Auge sah er seine Eltern, die Geschwister, die Freundin ihm zuwinken. Erst letztes Jahr, als er von seiner Reise nach Mittelasien zurückkam, holten sie ihn am Bahnhof mit großem Hallotria ab. Die glücklichen Erinnerungen von damals stürmten auf ihn ein.

Hastig verließ Wanja den Platz am Gangfenster und begab sich zum Ausgang. Den wartenden Menschen schenkte er keinen Blick mehr.

4. Im Moskauer Bahnhof

Der Komsomol-Platz ist einer der belebtesten Plätze Moskaus. Die alten Moskowiter nennen diesen Platz auch «Platz der drei Bahnhöfe», weil die drei wichtigsten Bahnhöfe der Hauptstadt rund um diesen Platz liegen. Täglich kommen hier Zehntausende von Menschen aus allen Richtungen des Landes an. So scheint der bunte Menschenstrom nie zu versiegen. Und wen man hier nicht alles antreffen kann! Allein die Gesichter der aus den Zügen aus- und einsteigenden Menschen zu beobachten ist ein Genuss. Da die dunklen, schlitzäugigen, platten Gesichter aus dem hohen Norden. Tief verhüllt in einer Pelzmütze, vermitteln sie den Eindruck, permanent zu frieren. Hier die klassisch geschnittenen, braun gebrannten Usbeken mit ihrer unverkennbar verzierten Tubiteika[2] auf dem Kopf. Und da ... und hier ... und wieder da.

Zweimal im Jahr, im Mai und im September, wird dieser Menschenfluss jedoch recht merkwürdig verändert. Lange Kolonnen kahl geschorener junger Männer füllen die Bahnhöfe. Sie sehen fast alle gleich aus, bewegen sich in alle Richtungen und machen den Eindruck einer außer Kontrolle geratenen Menschenmenge. In einer solchen Kolonne wechselte auch Wanja gerade zu einem anderen Bahnhof über.

Wie einem alten Bekannten sah Wanja dem bunten Treiben um sich herum zu. Überall sah man die geschäftigen Moskauer Träger ihre Dienste anbieten, dicke Verkäuferinnen priesen laut ihre saftigen Piroggen, Biljaschy[3] und kühles Eis an. Und überhaupt war hier

---

[2] Nationale Kopfbedeckung der Männer in Usbekistan.
[3] Mit Fleisch und Zwiebeln gefüllte, im Fett gebratene Teigteilchen.

alles so, wie es in Moskau eben ist. Diese Moskauer Luft überschüttete Wanja mit Erinnerungen. Er war bereits einige Male in Moskau gewesen. Meistens waren es nur kurze Aufenthalte auf dem Weg nach Mittelasien. Aber hier in den Bahnhöfen von Moskau musste jeder Reisende erst einmal mit einem langen, oft tagelangen Warten vorlieb nehmen. Dazu schliefen die Reisenden meist in den Wartesälen, aus Angst, den Anschluss doch noch zu verpassen, oder auch einfach deshalb, weil man ja sowieso kein Hotelzimmer in der Landeshauptstadt finden würde.

Diese kurzen Zwischenstationen genügten Wanja, um die meisten historischen Sehenswürdigkeiten der Stadt abzuklappern. Das letzte Mal passierte Wanja Moskau vor knapp einem Jahr, gleich nach Beendigung des Technikums. Damals hatte ihn das bunte Treiben auf dem Komsomol-Platz dermaßen begeistert, dass er darüber ein langes Gedicht verfasste. Und doch gefiel ihm Moskau als Stadt nicht besonders. Bei jedem Besuch verglich er die Stadt mit Tallinn oder Leningrad, und jedes Mal erschien ihm Moskau blass im Vergleich zu seinen beiden Lieblingsstädten. So stellte er auch jetzt, in Erinnerungen versunken, unwillkürlich fest: «Und doch ist Leningrad viel schöner – und vor allem viel näher an meinem Zuhause.»

Währenddessen bewegte sich die Kolonne langsam zu dem Durchgang, der direkt zum Kasanskij-Bahnhof führte. Immer wieder kamen ihr Gruppen von ähnlich aussehenden Rekruten entgegen, die aber allem Anschein nach aus dem Süden stammten. Manche sahen aus wie Georgier und Armenier, die anderen eher wie Usbeken oder Kasachen. Die Sowjets hatten darin ein perfektes System aufgebaut. Junge Menschen wurden zum Wehrdienst einberufen und in der Regel so weit weg von ihrer Heimat stationiert, dass ein Besuch der Verwandten unmöglich wurde. So konnte die militärische Erziehung der Rekruten sowie ihr Einsatz weitgehend unbehelligt vonstatten gehen. Denn wenn die Eltern leicht Zugang gehabt hätten, wäre auch in der Roten Armee bald manches anders geworden.

Wanja bildete das Schlusslicht seiner Kolonne. Dabei sah er den vorbeigehenden Rekruten jedes Mal wehmütig nach. Diese waren möglicherweise unterwegs in seine Heimat. Ob manche von ihnen auch Heimweh nach ihrer fernen Heimat hatten? Auf einmal durchbohrte ihn der Gedanke, dass auch in diesen entgegenkommenden Kolonnen von Rekruten vielleicht Christen wie er mitmarschierten und Ähnliches empfanden.

«Bestimmt brauchen sie dann etwas Gebetsunterstützung», sagte er sich selbst und begann innerlich zu beten. Ein Gefühl der Ruhe und Geborgenheit erfüllte seine Seele.

«Ich bin nicht allein, irgendwo in der riesigen Masse von Menschen gehen meine Brüder. Sie brauchen mich, meine Gebete, und sie beten bestimmt auch für mich.»

Eine unbeschreibliche Gewissheit der Verbundenheit mit der unsichtbaren und doch offensichtlich existierenden Gemeinschaft junger Christen beflügelte ihn.

«Auch zu Hause werden sie jetzt für mich beten», schloss er, schon ganz erholt von der Wehmut der Erinnerungen.

So im Nachdenken und Beten merkte Wanja kaum, wie er plötzlich inmitten des Kasanskij-Bahnhofs stand. Die Offiziere brachten ihre Schützlinge bis hierher und ließen sie dann unter der Aufsicht der mitgereisten Soldaten vorübergehend allein. Sie begaben sich auf die Suche nach freien Plätzen.

Unter sich geblieben, lockerte sich die Atmosphäre unter den Rekruten auf. Die Unterhaltung wurde lebendiger, und viele Hände bewegten sich fast schon automatisch in die Taschen, holten trotz des Rauchverbots Zigaretten heraus und boten sie ihren Begleitern an. Die Soldaten konnten der Versuchung der teuren Zigaretten meist nicht widerstehen, und bald schon wusste jeder in der Gruppe, wohin es ging. Kuibyschew an der Wolga, das sollte zunächst einmal die vorläufige Endstation sein. Die Soldaten verrieten auch weitere Einzelheiten: Die Einheit, in welche die Rekruten gebracht werden sollten, war eine Einheit der Atomabwehr, und der Dienst sollte nach Auskunft der alten Hasen gar nicht besonders schwer sein.

«Das Gute ist», sagte einer von ihnen, «dass man nicht irgendwo in der Prärie untergebracht ist. Kuibyschew ist eine Millionenstadt. Überall gibt es gute Mädchen, an jeder Ecke ein Kino und unzählige Diskotheken. Einsam wird sich da bestimmt niemand fühlen. Vorausgesetzt, man wird auch mal dienstfrei bekommen.»

Das war eine gute Nachricht. Die Geschichten der Altgedienten machten den Rekruten Mut. Plötzlich schlug einer der Soldaten vor, doch einen zu trinken, solange die Offiziere noch weg waren. Die Idee wurde allgemein begrüßt.

«Jeder gibt einen Rubel, und wir haben im Nu eine Kiste Wodka», versprach Tammo, der kleine Este, der bereits ein Jahr in Kuibyschew gedient hatte und der die meisten frivolen Geschichten zu erzählen wusste.

Wanja merkte bald, wohin sich die ganze Sache zu bewegen schien. Schnell bat er Valerij um dessen nach Hause adressierten Briefe.

«Ich such' mal nach Briefmarken und einem Postkasten», sagte er, worauf Valerij ihm freudig seine Briefe übergab.

«Aber beeil dich, sonst bleibt für dich hier kein Wodka übrig», sagte Valerij ganz aufgeregt.

Wanja reagierte nicht darauf. Mit den Briefen der Freunde unter dem Arm schlenderte er langsam zwischen den Reihen wartender Menschen hindurch. Es waren Hunderte, nein Tausende. Überall sah man sie sitzen, kauern, liegen. Die meisten wirkten müde und abgespannt. «Wie lange die wohl schon warten?» fragte sich Wanja beim Anblick der übermüdeten Menschen.

Er ging auch an anderen Gruppen von Rekruten vorbei. Einmal wurde er sogar von den Offizieren angeschrien, er solle zurück zu seiner Gruppe gehen. Aber Wanja beeilte sich nicht besonders. Reiseerfahren, wusste er, wie lange es dauern kann, freie Plätze für den nächsten Zug zu erhalten. Und dieser ging erst gegen Mitternacht in Richtung Kuibyschew. Er hatte also viel Zeit.

Erst nach etwa drei Stunden kehrte er zu seiner Gruppe zurück. Wie erwartet waren die meisten bereits angetrunken. Es wurde gesungen, geflucht und gelacht. Die angetrunkenen Esten beschimpften die Sowjetmacht, was das Zeug hielt. Einer der Rekruten hatte sich offensichtlich bereits mit jemandem geprügelt, denn am Rande der Gruppe wurde er von zwei Polizisten festgehalten. Auch die mitreisenden Soldaten waren nicht mehr ganz nüchtern. Sie versuchten aber die Miliz zu überreden, den Raufbold ihrer Kontrolle zu überlassen.

Wanja suchte schnell seine Sachen im gemeinsamen Haufen heraus und setzte sich etwas abseits von der Gruppe hin. Er war müde, und so schlief er bald ein. Er träumte von seiner Stadt und den Christen dort. Er träumte vom Hauskreis im Hause Stepanows, der ihn immer wieder ermutigte, seinem Herrn treu zu bleiben. Auf dem Weg nach Hause geschah dann etwas Schreckliches. Wie immer begleitete er seine Freundin bis zu der Kreuzung, die ihre beiden Straßen voneinander trennte. Er legte seinen Arm auf ihre Schulter, und dann passierte es. Plötzlich tauchte ein großes schwarzes Auto auf, das mit rasender Geschwindigkeit auf sie zufuhr. Er kam gerade noch dazu, Olga schnell von sich zu stoßen. Dann spürte er selbst einen gewaltigen Stoß am Ohr ... und wachte auf. Vor ihm stand einer der beiden Offiziere und schrie ihn wild gestikulierend an:

«Ich suche dich schon eine halbe Stunde, und du, du pennst hier in aller Ruhe, du Schwein. Aufstehen, und zwar möglichst flott! Wegen dir kommen wir noch alle zu spät.»

Wanja sprang auf, packte seine Tasche und lief seiner Gruppe nach. Diese hätte man kaum verfehlen können. Brüllend und singend, umringt von einem Dutzend Milizleuten, bewegten sie sich zum Bahnsteig 12. Von hier sollte der Zug nach Kuibyschew gehen.

«Eeeh, da kommt er», schrie Valerij, der schwer angetrunken zu sein schien. «Du bist mir vielleicht einer – hast wohl gleich irgendwo ein Moskauer Mädchen geangelt. Ein schneller Kerl. Mit dir werden wir alle Spaß haben.»

Er legte seinen schweren Arm um Wanja und lächelte ihn so liebevoll an, wie es nur friedvolle besoffene Russen machen können, die, je mehr Wodka sie trinken, desto kindischer werden.

Das war der Auftakt zur Weiterfahrt. Und sie wurde für Wanja zur Hölle. Die Rekruten verstanden es, einige Flaschen Wodka mit in den Zug zu bringen. So wurde hier die Zeche fortgesetzt. Auch die Offiziere machten mit. Gegen zwei Uhr nachts waren dann alle so betrunken, dass keiner sich mehr bewegen konnte.

Immer wieder hatten die Rekruten, Soldaten und Offiziere versucht, auch Wanja Wodka anzubieten. Er jedoch lehnte ständig ab. Das schien einen der Offiziere mächtig zu ärgern, denn er packte Wanja am Kragen und riss ihn buchstäblich von seiner Liege herunter.

«Du bist wohl ein Frommer, du Weichling. Merke dir nur eines, falls in dir nur ein klein wenig frommes Hasenblut fließt: Ich bin ein Spezialist im Blutvergießen. Ich saug dir dein Drecksblut aus der Nase, du Weichling!»

Eine fürchterliche Fluchtirade folgte. Der Offizier wurde immer aufdringlicher. Mit Wucht drängte er Wanja unter allgemeinem Gelächter aus dem Abteil.

«Ich werfe dich gleich aus dem Zug, du armseliger Nichttrinker», drohte er weiter, indem er Wanja von einer Gangseite zur andern in Richtung Tür drängte.

Bis dahin hatte Wanja sich nicht gewehrt. Doch plötzlich wurde ihm die Drohung unheimlich. Mit einem Schlag befreite er sich aus der Umklammerung des Offiziers, packte ihn an den Schultern und warf ihn zurück in sein Abteil. Jetzt wurde dieser ausgelacht und ausgepfiffen. Fluchend versuchte er sich zu erheben, um Wanja doch noch zu packen. Doch der Alkohol hatte ihn bereits fest im Griff, und so blieb er schwer am Boden liegen.

Wanja blieb im Gang stehen. Leise betete er. Die besoffene Truppe zeigte ihm nur zu anschaulich, was ihn in der vielgerühmten Roten Armee erwartete.

«Sie trinken ja nicht», unterbrach Wanjas Gedanken plötzlich eine Stimme.

Er drehte sich um und sah den zweiten Begleitoffizier,

der merkwürdigerweise seit dem Beginn der Reise verschwunden gewesen war.

«Nein», sagte Wanja.

«Aus Überzeugung?» kam die Rückfrage.

«Ja, ich finde nichts an einem solchen Besäufnis. Es ist doch kaum menschenwürdig, oder?» antwortete Wanja und deutete mit dem Kopf in Richtung Abteil, aus dem immer noch wilde Töne die nächtliche Ruhe des Waggons störten.

«Rauchen Sie?» fragte der Offizier nun und streckte Wanja eine Packung Zigaretten entgegen.

«Nein, ich rauche auch nicht», entgegnete dieser.

«Oh, Sie müssen ja wirklich ein Heiliger sein.» Der Offizier durchbohrte Wanjas Gesicht mit fragenden Blicken.

«Er weiß Bescheid», schoss es Wanja wie ein Blitz durch den Kopf. «Und er ist vom KGB[4].»

Eine gewisse Unruhe breitete sich in ihm aus. Er wandte seinen Blick ab und sagte dann leise: «Ja, ich wünschte mir, ich wäre ein Heiliger. Leider bin ich es noch nicht. Entschuldigen Sie mich, Genosse Offizier. Ich glaube, ich gehe schlafen.»

Der Offizier schwieg und ließ Wanja gehen. Dieser ging zurück in sein Abteil, schwang sich über die Köpfe seiner betrunkenen Freunde auf die oberste Liege und versuchte einzuschlafen.

«Herr», betete er, bevor er einschlief, «der Weg in die Hölle hat begonnen. Bitte komm mit mir.»

Und plötzlich schien er durch die Flüche der trinkenden Rekruten hindurch eine Stimme zu hören, die sagte:

---

[4] KGB – Komitee für Staatssicherheit, die berühmt-berüchtigte Geheimpolizei der UdSSR.

«Und wenn ich auch durchs finstere Todestal wanderte, so würdest DU mich auch da nicht alleine lassen.»

Er wusste nicht mehr genau, woher dieses Wort stammte. «Es muss wohl aus den Psalmen sein», dachte er und schlief dann getröstet unter den Flüchen der Rekruten ein.

5. Soldatenseife

Das Stück Soldatenseife, das alle Jungsoldaten gestern noch begeistert hatte, war heute zum großen Ärgernis geworden. Wie hatte man sich da gefreut, nach der langen Reise endlich duschen zu dürfen. Nun aber wurde sie, die Soldatenseife, von jedermann verflucht. Die Seife war wohl nicht von der besten Sorte, sie fraß sich in die vielen kleinen Wunden an den stark strapazierten Händen der Soldaten hinein und löste unerträgliche Qualen aus. Voller Schmerz sahen sich die jungen Rekruten ihre vor vier Tagen noch gesunden Hände an. Geschnitten, zerstochen, verletzt, schrien diese Hände jetzt nach Ruhe und Hilfe. Doch mit der Ruhe war es anscheinend für die nächsten zwei Jahre vorbei.

Die meisten der 30 Rekruten stammten aus den Großstädten Leningrad und Tallinn. Als echte Großstadtkinder, frisch von der Schulbank, kannten sie keine schwere handwerkliche oder körperliche Arbeit. Um so schwerer waren die ersten Tage in den Reihen der vielgepriesenen Sowjetarmee. Denn hier musste man jeden Griff selbst können. Die Uniform zum Beispiel war meist zu groß und musste umgenäht, die jeweiligen Kompanie-Abzeichen angebracht werden. Sehnsüchtig schauten sich die Neuen nach einem Schneider um, doch den gab es nicht – man sollte selbst schneidern. Selbst schneidern? Leicht gesagt. Wenn man es aber nie gelernt, ja oft nicht einmal gesehen hat? Doch Befehl war nun mal Befehl, und man ging an die Arbeit mit Schere, Nadel und Zwirn. Wer es tagsüber nicht schaffte, der holte es nachts nach. «Ein Sowjetsoldat muss alles können», hieß es. Deshalb musste er alles lernen ...

«Bin ich vielleicht dumm, ich hätte doch Mutter fragen können, wie man mit der Nadel umgeht», dachte

Wanja, mit Wehmut seine zerstochenen Hände betrachtend. «Jetzt bin ich vier Tage hier und kann kaum meine Hände bewegen vor lauter Schmerzen. Und obendrein noch diese Seife! Aber ich muss die Finger doch sauber bekommen von dem doofen Stoff, sonst gibt es gleich wieder eine Strafe aufgebrummt.»

Unwillkürlich musste er an seinen Freund Valerij Pawlow denken, der am Abend zuvor mit schmutzigen Händen zum Appell angetreten war. Die ganze Nacht verbrachte der Arme daraufhin mit noch drei anderen Unglücklichen mit Kartoffelschälen. Zu viert mussten sie für die ganze Kompanie Kartoffeln schnippeln, und das waren immerhin tausend Mann.

«In der hochmodernisierten Sowjetarmee geht es aber ziemlich mittelalterlich zu», dachte Wanja, während er erneut versuchte, die dunkle Stofffarbe von seinen Händen zu schrubben.

Derart in seine Gedanken vertieft, merkte er gar nicht, dass er allein im Baderaum zurückblieb. Die anderen waren schon zum Mittagsappell gelaufen.

«Soldat Richter, Sie sind hier nicht im Damensalon, sondern in der Sowjetarmee. Wie lange soll die Abteilung noch auf Sie warten?!»

Erschrocken sah Wanja Unteroffizier Pawlenko an, der sich vor ihm aufgebaut hatte.

«Ich ...»

«Kein ich! Haben Sie keine Ohren? Es wurde zum Appell gerufen. Ich werde Ihnen gleich Ohrenreiniger besorgen, das wird sicher für immer helfen», schrie er Wanja an.

«Genosse Unteroffizier, aber die Seife ...»

«Was ist mit der Seife? Zeigen Sie mir Ihre Hände!»

Wanja streckte dem Unteroffizier seine geschwollenen Hände entgegen.

«Was?! Das nennen Sie gewaschen? Da, sehen Sie den Schmutz? Und das soll gewaschen sein ...»

«Aber Genosse Unteroffizier, wo sehen Sie Schmutz?»

«Und frech ist er auch noch! Frech, taub und blind – doch was nicht ist, kann noch werden», lachte er plötzlich sehr freundlich, «ich werde schon dafür sorgen. Ab zu Ihrer Truppe!»

Wanja lief zur Kaserne hinüber und stellte sich schnell zu den strammstehenden Soldaten seiner Abteilung. Unteroffizier Pawlenko eilte hinterher. Vor der Abteilung kommandierte er lautstark:

«Abteilung drei ...»

Dann machte er ein freundliches Gesicht und sagte ganz feierlich: «Abteilung drei wird für die Verspätung von Soldat Richter zum Appell nach dem Mittagessen anstelle einer Pause einen Langlauf von fünf Kilometer Länge machen.»

Das Lächeln verschwand. Dann rief er: «Soldat Richter! Drei Schritte vor, marsch!»

Wanja, Böses ahnend, machte die drei Schritte aus der Kolonne und drehte sich mit dem Gesicht zur Abteilung. Die wütenden Blicke der Soldaten schienen ihn vernichten zu wollen. Kein Mitleid, nur Ablehnung zeigten die müden Gesichter der Kameraden. Hilflos suchte Wanja die Augen von Valerij, aber auch der schaute ihn nur vorwurfsvoll an. Der arme Valerij. Er hatte doch die ganze Nacht nicht geschlafen und sich so auf diese Mittagspause gefreut! Noch schlimmer, jetzt mit dem vollen Magen fünf Kilometer zu laufen ...

Beschämt ließ Wanja den Kopf hängen, aber sofort schrie Pawlenko ihn erneut an: «Soldat Richter wird zur Strafe für den verspäteten Antritt zum Appell heute Nacht Küchendienst tun!»

Unwillkürlich hob Wanja seine zerstochenen Hände,

die nun noch dem Küchenmesser ausgesetzt werden sollten.

«Hände runter!» rief Pawlenko da. «Stellen Sie sich zu Ihrer Abteilung, Genosse Soldat.»

Dann erklärte ein wieder freundlich lächelnder Unteroffizier, dass die Abteilung jetzt nach der Ordnung der Kompanie zum Mittagessen zur Armeekantine gehen werde und dass dies, im Gegensatz zu den vier vergangenen Tagen, diszipliniert geschehen solle.

«Wir gehen im Stechschritt um den Übungsplatz zur Kantine. Es wird nicht geredet. Vor dem Essen gebe ich dem Wachoffizier Rapport, und nachdem ich euch ein Zeichen gegeben habe, geht ihr hinein. Hinten links sind eure Plätze. Ihr habt zum Essen fünfzehn Minuten Zeit. Dann marschieren wir geschlossen zum Sportplatz und erfrischen uns mit dem Fünftausendmeterlauf. Und nun», beendete Pawlenko seine Rede, «kehrt, im Gleichschritt – marsch!»

6. Brot und Salz – und leere Mägen

Hungrig, müde und verärgert stürzten sich die 30 Rekruten auf den großen Topf mit einer grauen, undefinierbaren Brühe. Wanja, der vor lauter Schuldgefühlen geduldig abseits auf einen Teller dieser Brühe wartete, erschrak, als plötzlich Pawlenko genau hinter ihm die Abteilung anschrie:

«Abteilung aus dem Speisesaal – marsch!»

Keiner der Soldaten verstand diesen so sinnlosen Befehl. Jetzt, wo die Hungrigen und Müden endlich ein bisschen Ruhe hatten und die Mittagspause als Ruhepause genießen wollten – ausgerechnet jetzt wieder raus zum Appell!

Es wurde ganz still. Die wenigen Soldaten anderer Abteilungen drehten sich um, um beobachten zu können, was Pawlenko jetzt wohl als Strafe bringen würde. Die wenigen Glücklichen, die bereits ihren Teller mit der grauen Suppe gefüllt hatten, schauten wehmütig bittend auf den Unteroffizier. Jeder Blick schien zu sagen: «Bitte lassen Sie uns mittagessen.» Einige Minuten waren alle still – keiner bewegte sich, alles schaute gespannt Pawlenko zu. Dieser lächelte sarkastisch seine Abteilung an, indem er Soldat für Soldat ansah und mit seinem Lächeln zu verstehen gab: «Jungs, hier bin ich euer Gott und Vater, euer Tod und Leben. Ich bin alles, ihr aber seid nichts. Ein Stück Dreck seid ihr.»

Wanja, der etwas abseits stand und dadurch die ganze Abteilung im Blickfeld hatte, staunte immer noch über den Anblick seiner Kameraden. Da, der Mägi, ein Este; erst vor drei Monaten hatte er die Universität in Tartu abgeschlossen. Ein kluger Kopf, sagten seine Freunde, die mit ihm aus Tartu kamen. Oder der Nikolai aus Leningrad; mit seinen 25 Jahren hatte er beachtliche

Erfolge zu verzeichnen als Gitarrist und Liedermacher. Und der Kalev, und der Toomi und der Pawel und ... Jeder von denen war etwas – zu Hause, wo man noch Mensch war. Hier aber wurden sie zu gleichförmigen Soldaten, zu Sowjetsoldaten gemacht.

«Merkwürdig», dachte Wanja, «wie schnell Menschen sich verändern können. Es ist ja erst eine Woche, seit wir hier sind. Und dieser Pawlenko, ein Grobian, das ist unser Veränderer. Merkwürdig.»

Die Minuten schienen ewig lang zu dauern.

Plötzlich, als ob sie Angst bekämen, um ihr Essen gebracht zu werden, fingen zwei Soldaten schnell zu essen an. Sie bewegten ihren Löffel so schnell, dass die Suppe zur Hälfte auf der Strecke blieb.

«Aufhören!» brüllte Pawlenko nun. Dann stürzte er zu ihnen, schlug einem den Teller aus der Hand, dass die Brühe über den langen Tisch spritzte und nur ein kleines Stückchen Fleisch im Teller blieb.

«Hinaus mit euch», schrie Pawlenko wütend. «Ihr Schweine ...», und ein doppelstöckiger Fluch löste den anderen ab.

Die Abteilung 3 lief verstört hinaus. Vor dem Speisesaal stellte Pawlenko sie auf, und als ob man ihn verwandelt hätte, fing er an, ruhig zu erklären, warum man sich als disziplinierter Sowjetsoldat am Tisch ordentlich benehmen muss, dass dies nicht nur für die Armee wichtig, sondern schlicht und einfach menschlich sei; usw. Er schlug ganz sachlich vor, dass einer, zum Beispiel der Ingenieur Mägi, der sicherlich auch schon mal etwas von Benimmregeln am Tisch gehört habe, in Zukunft die Verteilung der Speise übernehmen solle. Nachdem er mit seiner Einführung fertig war, durfte die Abteilung wieder zurück in den Speisesaal.

Diesmal lief alles viel besser. Aber kaum hatten die Soldaten sich in neuer Hoffnung auf Essen an die Tische gesetzt und Mägi, der frisch gewählte Verteiler, sich zu dem Suppentopf begeben, als Pawlenko wieder laut kommandierte:

«Genossen Soldaten, unsere Viertelstunde ist um – draußen zum Appell antreten. Wir müssen ja noch unsere 5000 Meter laufen, nicht wahr, Soldat Richter?»

«So eine Schweinerei», dachte Wanja, während eine innere Wut in ihm hochstieg und seine Hände sich von selbst zu Fäusten ballten. «Du Schwein, du kleinkariertes Ungeheuer, du gehörst echt zusammengeschlagen ...»

Wanja war sicher, dass die anderen ähnlich dachten. Einige fingen an zu protestieren, sogar leise zu drohen. Ein paar Esten fingen ein intensives Gespräch auf Estnisch an. Doch Pawlenko lächelte freundlich und sagte dann, als ob nichts wäre: «Freunde, ich kann auch nichts dafür – andere Abteilungen wollen genauso essen wie ihr.»

Er hatte noch nicht bis zu Ende geredet, als ihm der Wachoffizier, der die ganze Zeit im Speisesaal dem Geschehen zusah, befahl:

«Pawlenko, führen Sie Ihre Abteilung in die Kaserne. Für euch ist die Mittagszeit vorbei.»

Draußen vor dem Speisesaal war die Freundlichkeit Pawlenkos auch wieder vorbei. Er befahl Wanja, sich vor die Abteilungskolonne zu stellen, und sagte: «Er, Richter, wird euch vorbildlich durch den 5000-Meter-Lauf führen. Nicht wahr, Genosse Soldat?»

Wanja atmete tief durch und schwieg.

Pawlenko näherte sich, stellte sich vor Wanja auf und zischte ihm ins Gesicht:

«Wenn ich dich noch einmal etwas frage oder dir

einen Befehl gebe, dann hast du zu sagen: Jawohl, Genosse Unteroffizier. Verstanden?»

Sein vernichtender Blick versuchte Angst hervorzurufen.

«Wiederholen!» schrie er mit strenger Stimme.

«Jawohl, Genosse Unteroffizier», antwortete Wanja gehorsam. Seine Stimme war hart, sein Körper bebte vor Wut.

Wie ein Betrunkener stellte er sich vor die Abteilungskolonne und lief dann auf den Befehl Pawlenkos los. Seine hungrigen, müden, verängstigten Kameraden zogen nach.

7. Die ärgerlichen 45 Sekunden

Seit einer Woche übte die dritte Abteilung. Nein, es ging nicht um irgendwelche besonders wichtigen militärischen Übungen. Es ging um ganz alltägliche Dinge, also um etwas, das eigentlich jeder normale Mensch bereits als Kind lernt. Doch die gesamte dritte Abteilung des Unteroffiziers Pawlenko kriegte es nicht richtig hin. Jeden Abend übte sie, jeden Morgen übte sie, bei frischen Kräften wie im müden Zustand, aber sie schaffte es einfach nicht. Pawlenko drohte, Pawlenko strafte, doch alles umsonst. Einige Soldaten waren einfach zu langsam. Die Soldaten der Dritten dachten mit Schrecken an den Abend, sie erwachten mit Magenschmerzen beim Gedanken an die kommende Übung.

So auch jetzt im Lenin-Zimmer, einer Art Soldaten-Club, wo man am Vormittag Polit-Unterricht genoss und am Abend, wenn man das Glück hatte, keine Aufgaben und keine Strafe abbüßen zu müssen, die Zeit bei Gesellschaftsspielen verbringen konnte. Das Gesprächsthema Nr. 1 war die 45-Sekunden-Übung. Man tauschte Erfahrungen aus. Die dienstältesten Soldaten grinsten dabei, gaben aber kaum Rat. Meist hörte man nur: «Das kann doch jeder: Aufstehen und sich wieder hinlegen, das ist doch keine Kunst. Es ist ganz einfach – ins Bett und aus dem Bett.»

Einfacher gesagt als getan, dachten die Rekruten. Das Problem lag darin, dass man das Aufstehen wie auch das Hinlegen in 45 Sekunden schaffen musste. Dabei musste alles stimmen.

Welcher General wohl auf diese für die Sowjetarmee sehr wichtige Ordnung gekommen war, wurde nie verraten. Aber dass der geniale Einfall wichtig war, bekamen die Rekruten täglich zu spüren. Bis zu vierzig Mal mussten sie jeweils abends und morgens die Übung wiederholen. Denn, so meinte Pawlenko, im Ernstfall sei jede Sekunde von Bedeutung. Zumal in der Atomabwehr. Und deshalb trainierte man. Wanja, der bereits von seinen älteren Freunden, die aus dem Militärdienst kamen, von dieser Übung gehört hatte, hatte zu Hause vorgeübt. Aber andere, so zum Beispiel der Mägi, kamen einfach nicht klar. Solange der es nicht konnte, musste die ganze Abteilung mitüben. Bloß die Küchensträflinge durften zum Nachtdienst abtreten.

Wanja hasste diese Übung, und so freute er sich, zumindest heute davon befreit zu werden. Diese Freude erfüllte ihn so stark, dass Pawlenko es bemerkte und ihm beim Abendappell vor der versammelten Abteilung ein Lob austeilte:

«Soldat Richter, bei all den vielen negativen Eigenschaften, die Sie besitzen, sind Sie als einer der Ersten mit unseren 45 Sekunden fertig geworden. Das ist eine Leistung, und sie muss gewürdigt werden, denn die Sowjetarmee belohnt tüchtige Soldaten.»

In Wanja stieg die Hoffnung hoch, Pawlenko würde ihm den Küchendienst erlassen, aber es kam alles ganz anders.

«Soldat Richter! Drei Schritte vor! Soldat Richter», erhob Pawlenko seine Stimme, «Sie bekommen die ehrenvolle Aufgabe, es solchen Faulen wie Mägi vorzumachen. Da diese Faulenzer schwer von Begriff sind, machen Sie der Abteilung Ihre Kunst zehn Mal hintereinander vor.»

Wanjas freudiges Lächeln verschwand. Pawlenko lachte laut, holte seine Uhr aus der Hosentasche und befahl: «3 ... 2 ... 1 ... los!»

Mit Tränen in den Augen lief Wanja zu seinem Bett und zog sich aus – in genau 45 Sekunden. Er hatte es geschafft und lag nun unter der Decke. Pawlenko prüfte die sauber zusammengelegte Kleidung, bemängelte den Stand der Stiefel und schrie: «Soldat Richter! Aufstehen!»

Wieder 45 Sekunden, dann wieder und noch einmal und tatsächlich zehn Mal hintereinander. Wanja wagte gar nicht, seine Kameraden dabei anzuschauen. Er wusste, niemand von ihnen lächelte, keiner empfand Schadenfreude, denn jeder rechnete damit, als Nächster drangenommen zu werden. Das zehnte Mal sprang er aus dem Bett, zog sich blitzschnell an und lief zur Abteilung zurück. Pawlenko kehrte sich ebenfalls der Abteilung zu, nahm aus seiner Hosentasche ein Streichholzpäckchen, zeigte es und sagte dann voller Sarkasmus:

«Nun, ihr habt alle Richters Meisterstück gesehen – jetzt seid ihr dran. Richter: Marsch in die Küche. Und ihr», er nahm ein Streichholz, zündete es an, hob es hoch, «und ihr werdet euch nun so schnell ausziehen, wie dieses Streichholz brennt. Also bittet bei dem lieben Gott um Gnade, dass es länger brennt.»

Wanja ging zur Küche. Dabei zitterte sein Körper vor Müdigkeit und Ärger, während seine Kameraden mit dem Feuer um die Wette liefen. Einer brach sogar vor Erschöpfung zusammen. Man brachte ihn ins Lazarett – die eine Woche Grundausbildung reichte ihm, um hinterher wochenlang im Krankenbett zu liegen. Da gab es aber, Gott sei Dank, keine 45-Sekunden-Übungen.

8. Farbe bekennen

«Heute geht es endlich zum Wesentlichen über, Genossen», verkündete Leutnant Polewoj der Rekrutenabteilung beim Morgenappell. «Ein Soldat ohne Waffe ist kein Soldat», fuhr er fort. «Heute werdet ihr nun mit der Grundausrüstung eines Rotarmisten bekannt gemacht. Jeder von euch bekommt eine persönliche Waffe zugewiesen.»

«Jetzt ist es so weit», schoss es Wanja durch den Kopf. «Jetzt musst du öffentlich Farbe bekennen.» Ihm wurde ganz heiß bei diesem Gedanken.

Seit einer Woche war die Gruppe der Rekruten aus Estland bereits in der Atomabwehr-Einheit von Kuibyschew. Die Kaserne lag direkt in der Stadt, und die Hauptaufgabe der Einheit, so erklärte man den Rekruten gleich bei der Begrüßung, war der Schutz der Industrieanlagen und der Zivilbevölkerung im Falle eines atomaren Angriffs. Direkt neben der Kaserne befanden sich ein militärischer Flughafen und weitere Anlagen, über die man keine Auskunft erhielt. Niemand hatte sich bis jetzt besonders um Wanja gekümmert. Seine Verweigerung schien hier unbekannt zu sein. Jedenfalls ging man mit ihm nicht viel anders um als mit den übrigen Soldaten. Jetzt, wo es um die Ausbildung an der Waffe ging, musste er endgültig mit der Sprache herausrücken. Seine Gedanken rasten. Wie würde es bloß werden?

Gleich nach dem Frühsport und Frühstück wurde die Abteilung von Unteroffizier Pawlenko in das Waffendepot am rechten Ende der Kaserne geführt. Das Depot wurde Tag und Nacht bewacht.

«Hier hat jeder von euch bereits eine Waffe zugewiesen bekommen. Es ist unsere berühmte Kalaschnikow, eine Schnellfeuerwaffe von Weltberühmtheit. Überall in der Welt kämpfen Revolutionäre und Kommunisten mit dieser Waffe. Es ist eine Ehre für jeden von euch, eine solche persönliche Waffe zugewiesen zu bekommen.»

Der Unteroffizier musterte die jungen Soldaten stolz und ließ seinen Blick besonders lange auf Wanjas Gesicht weilen. So kam es diesem zumindest vor. Dann fuhr er fort zu erklären:

«Hier am rechten Ende jeder Waffe befindet sich eine Nummer. Ihr müsst diese Nummer auswendig lernen. Wer sie morgen Früh nicht auswendig kann, dem werde ich das Gehirn freipusten», sagte er und lachte dabei höhnisch. Dann holte er aus seiner Seitentasche eine Liste heraus und fing an, die Namen und die dazugehörige Nummer auszurufen. Er tat das so schnell, dass sich bestimmt niemand merken konnte, was denn nun seine Nummer war.

«So», befahl er streng, nachdem er die Liste bis an ihr Ende gelesen hatte, «und jetzt nimmt sich ein jeder sein Gewehr. Hier, Richter, du beginnst.»

Wanja trat aus der Masse der Soldaten heraus, senkte seinen Kopf und schwieg für ein paar Sekunden.

«Was, du hast deine Nummer nicht behalten?» brüllte der Unteroffizier ihn an. «Ich werde dein Gedächtnis heute Nacht noch auf Vordermann bringen, du dumme Kreatur.»

Er fluchte. Die übrigen Rekruten suchten sich zu verstecken, da jeder ahnen konnte, was jetzt mit ihnen passieren würde. Aber es kam alles anders. Wanja erhob seinen Kopf, sah Pawlenko direkt ins Gesicht und sagte dann mit zitternder Stimme: «Genosse Unteroffizier, ich werde die Waffe nicht nehmen. Ich verweigere aus Glaubensgründen. Ich bin Baptist.»

«Was bist du?» verstand dieser zuerst nicht.

«Ich bin gläubiger Christ und kann deshalb keine Waffe in die Hand nehmen.»

Wanjas Antwort überraschte den Unteroffizier dermaßen, dass er nicht sofort antwortete. Offensichtlich wusste er mit diesem Fall nicht allzu viel anzufangen.

«Nun gut, darüber reden wir später. Orlow», rief er einen der Rekruten, «du liest noch einmal die Nummern vor. Jeder nimmt sich seine Waffe und geht dann in die Kaserne. Ich komme gleich», sagte Pawlenko und verließ das Depot.

Währenddessen verteilte Orlow die Waffen. Als es zum Gewehr von «Richter, Ivan» kam, schauten sich alle zu ihm um. Niemand sagte auch nur ein Wort. Ein Gläubiger war also unter ihnen. Sie waren alle ebenso verunsichert wie der Vorgesetzte, und niemand wusste, was das nun zu bedeuten hatte. Wanja nahm sein Gewehr nicht an. Die öffentliche Absage gab ihm Mut. Seine Angst war fast verschwunden, nur sein Gesicht brannte noch wie von Feuer.

Die Rekruten begaben sich langsam in die Kaserne. Auch Wanja ging ihnen nach. Niemand sprach mit ihm. Er merkte, wie sie ihn jetzt mieden. Sogar Valerij, der ja wusste, wer er war, versuchte so weit wie nur möglich auf Distanz zu gehen. Minuten später tauchte Unteroffizier Pawlenko wieder auf. Er ging auf Wanja zu, und als ob er sich für sein Verhalten entschuldigen wollte, sprach er ihn leise an.

«Genosse Richter, gehen Sie sofort in das Lenin-Zimmer, man wartet dort auf Sie.»

Fast freudig begab sich Wanja zu besagtem Zimmer,

das sowohl als Erholungsraum für die Soldaten am Wochenende als auch als Klassenraum für ihre politische Unterweisung diente.

Dort wartete auf ihn ein unbekannter Offizier. Er stand mit dem Rücken zur Tür. In seinen Händen, die er auf dem Rücken zusammengelegt hatte, hielt er eine Zeitung. «Prawda», las Wanja die Zeitungsüberschrift.

«Genosse Richter, auf Ihren Befehl erschienen», versuchte Wanja den Offizier auf sich aufmerksam zu machen.

Dieser stand noch eine ganze Weile unbeweglich, als hätte er Wanjas Worte nicht gehört. Dann, ohne sich dabei umzudrehen, befahl er Wanja, sich zu setzen. Erst Minuten später drehte er sich um und sah lange unentwegt in Wanjas Gesicht.

«Wollen Sie Ärger, Richter?» fragte er etwas traurig. «Wir kennen Ihre Geschichte und gaben Ihnen hiermit eine Chance. Warum missbrauchen Sie bloß unser Vertrauen?»

Wanja antwortete nicht.

«Antworten Sie, Richter», forderte ihn der Offizier nach einem Moment des Schweigens etwas nervös heraus.

«Ich kann Ihnen auch nicht mehr sagen, als Sie schon wissen, Genosse Offizier», antwortete Wanja. «Ich bin bereit, in der Sowjetarmee zu dienen, kann allerdings weder die Waffe nehmen, noch den Eid leisten. Mein Glaube lässt das nicht zu.»

«Und unser Gesetz verbietet Ihnen eine solche Aussage. Was sagen Sie nun dazu?»

«Die Bibel, an der ich mein Leben ausrichte, sagt in solch einem Fall, dass wir Gott mehr gehorchen sollen als den Menschen.»

«Gott, Gott – aber es gibt doch nun wirklich keinen Gott! Die Wissenschaft hat das längst bewiesen.»

Die bis dahin einigermaßen lockere Unterhaltung nahm Wanja die Spannung; er gewann Mut und ging nun seinerseits in Angriff über. Diskussionen wie diese waren ihm nichts Neues, und Argumente, die keine waren, hatte er gelernt abzuwehren.

«Sie sagen, die Wissenschaft hat das bewiesen. Wenn dem so wäre, dann könnten Sie mir natürlich auf der Stelle auch beweisen, dass es keinen Gott gibt, oder?» Wanja lächelte dem Offizier freundlich entgegen.

«Dazu habe ich keine Zeit, Genosse Soldat», antwortete dieser verärgert. «Und ich habe auch kein Interesse, mit Ihnen solche Diskussionen zu führen. Dazu bin ich nicht da in dieser Einheit. Ich rate Ihnen, Ihren Entschluss zu überdenken. Wir geben Ihnen Zeit bis zur Vereidigung. Machen Sie alle Übungen ohne Waffe mit, wenn es Ihnen beliebt, aber merken Sie es sich: Viel Zeit haben Sie nicht. Im Falle einer Verweigerung gehen Sie in den Bunker. Und dann kann ich Ihnen nicht mehr helfen.»

Der Offizier erhob sich und verließ den Raum. Wanja blieb allein zurück.

«Ein KGB-Beamter, würde ich sagen», schloss er. «Mit diesen Freunden werde ich jetzt wohl öfter zu tun bekommen.»

Doch kaum hatte er seinen Gedanken bis zu Ende gedacht, da öffnete sich schon die Tür, und Unteroffizier Pawlenko kam herein.

«Richter, hier bist du also. Die Abteilung ist im Einsatz, und er hat beschlossen, eine Ruhepause einzulegen. Nicht mit mir, Freundchen. Marsch in die Küche! Für die Missachtung unserer Gesetze darfst du dich einmal mit unseren Abfällen beschäftigen. Der Mist stinkt wie die Pest. Vielleicht reinigt der Gestank dein blödes Gehirn, damit du die Nummer deiner Waffe endlich auswendig lernen kannst.»

«Jawohl, Genosse Unteroffizier», antwortete Wanja und verließ den Raum in Richtung Küche.

9. Vor dem Kommissar

Oberst Iwan Iwanowitsch Karjerow war wütend. Man merkte es seinem ganzen Wesen an, dass ihm der Vorfall am Vormittag überhaupt nicht gefallen hatte. Nein, dieser Vorfall hatte ihn sehr verärgert. Mit großer Selbstbeherrschung versuchte er sich gegenüber Wanja ruhig zu verhalten, als dieser sein Büro betrat. Vielleicht sprach er gerade deshalb in den ersten zehn Minuten kein Wort zu Wanja. Sogar die sonst übliche Begrüßung beim Antreten eines Soldaten ersparte er sich. Sicherlich um zu zeigen, wie er sich über das, was am Vormittag vorgefallen war, ärgerte. Es enttäuschte ihn, dass dieser Soldat bei der Fahnenvereidigung der Rekruten fehlte.

Er hielt sich zunächst eine Weile beim Fenster auf und machte ein sehr zufriedenes Gesicht, wahrscheinlich um zu zeigen, dass die Vereidigten da draußen auf dem Platz würdig waren, bewundert zu werden. Im Gegensatz zu Wanja. Dann ging er ein paar Mal durchs Zimmer, blieb kurze Zeit an einem Wandspiegel stehen, brachte sein gefärbt aussehendes, ergrauendes Haar in Ordnung, setzte sich darauf doch in seinen tiefen Sessel und vertiefte sich in ein dickes Buch, das er wahrscheinlich schon vorher auf den Tisch gelegt hatte.

An irgendetwas erinnerte sein Anblick Wanja. Übermäßig dick, in eine enge Uniformkleidung hineingepresst, klein von etwa 1,60 m Größe. Die Sonne fiel ihm auf seine runde Glatze am Hinterkopf und spiegelte sich darin. Je länger Wanja ihn beobachtete, desto weniger hatte er Angst vor ihm und desto lächerlicher wirkte der Oberst. «Ein Möchtegern-Soldat», dachte Wanja, und plötzlich fiel ihm das Bild ein. Genauso stellte er sich früher immer die Kulaken[5] vor, die vielzitierten und verhassten Feinde der Revolution. Irgendwie passte der Oberst nicht zu dem Mann, für den er sich ausgab, nein, er passte gar nicht in die Uniform eines Kommissars. Oder hatte vielleicht diese Uniform ihn erst zu dem gemacht, was er jetzt war? Ein Gemisch aus Verachtung, Mitleid und Traurigkeit erfüllte Wanjas Gedanken, als der Oberst ihn plötzlich unterbrach:

«Soldat Richter, Sie haben sich heute Morgen aber dumm benommen, und so einem klugen und intelligenten Mann wie Ihnen muss das wohl klar sein.»

Er sprach leise, so leise, dass Wanja sich anstrengen musste, um ihn zu verstehen. Der Kommissar hatte Wanjas Bewegung beobachtet und wahrscheinlich gedacht, dass Wanja es eingesehen haben musste, dass das Ganze von heute Morgen nichts anderes als eine Dummheit war. Ein künstlich gemachtes Lächeln, das Vertrauen wecken sollte, breitete sich über sein volles, hängendes Gesicht.

«Du, Ivan, musst das verstehen – man kann doch nicht jede Dummheit verzeihen und schon gar nicht dulden. Aber hör mal zu. Wir haben uns entschlossen, dir zu vergeben, und basta. Hier liegt der Text des Eides. Du unterschreibst ihn hier vor mir, und alles ist wieder in Ordnung.»

Eine sichtliche Erleichterung war in seinen Worten zu spüren.

«Was ist wohl die Ursache dafür, dass der Typ da mich

[5] Ein in der stalinistischen Zeit entstandenes Schimpfwort für einen reichen Bauern, das so viel wie «Faust» heißt und eine kapitalistisch-individualistische Grundhaltung verdeutlichen soll.

so missversteht», fragte sich Wanja. Und plötzlich verstand er das Motiv dieses Mannes: Er redete nur deshalb so, weil er um seine eigene Karriere Angst hatte. Wenn er mich nicht kleinkriegt, dachte Wanja, dann ist sein Vorankommen gefährdet.

Unterdessen sprang der Oberst auf, kam auf Wanja zu, klopfte ihm auf die Schulter, als ob sie wunderbare Freunde wären, und sagte noch einmal: «Na komm, unterschreibe das Papier auf dem Tisch, und du kannst gehen.»

«Ich schwöre mit meinem ganzen Leben, mich für das sozialistische Vaterland und für seine kommunistische Partei einzusetzen. Ich verspreche, alle Befehle der Partei und meiner Vorgesetzten für heilig zu erachten.» Wanja fielen diese Worte, wie sie auch auf diesem Papier da auf dem Tisch stehen mussten, plötzlich wieder ein.

«Nein, Genosse Oberst, Sie haben mich missverstanden. Mein Schritt von heute Morgen war keine Dummheit, sondern ein Ausdruck meines Glaubens an Jesus Christus. Dieser Glaube macht es mir unmöglich, Ihnen meine Unterschrift zu geben.»

Der Oberst kehrte zu seinem Tisch zurück. Er setzte sich hin. Wanjas Worte schienen ihn so tief getroffen zu haben, dass er minutenlang stillschweigend dasaß. Dann drehte er sich weg, ging zum Fenster, ging dann zum Spiegel, schließlich zum Tisch, nahm das Papierstück in die Hand, legte es wieder hin, setzte sich in seinen Sessel, stand wieder auf, und plötzlich brüllte er, aber so laut, dass Wanja anfangs zusammenzuckte, da er überhaupt nicht erwartet hatte, aus diesem kleinen runden Menschen solch einen lauten Schrei zu vernehmen.

«Sie, Sie ... du, du, du wirst das tief bereuen, denn hier stehen unsere Gesetze.»

Er griff sein dickes, schwarz eingebundenes Buch heraus, öffnete es und fing an, wild darin zu blättern. Wie schwach erschien Wanja dieser brüllende Oberst, der so viel Macht in der Hand hatte, dass nur ein Wort genügen würde, um Wanjas Leben zu nehmen. Doch gerade das würde er niemals tun, gerade das wäre seine Niederlage, denn laut seinem Auftrag, laut seinem von oben vorgeschriebenen Plan mussten 30 Rekruten den Fahneneid ablegen und nicht 29. Einer weniger würde seiner Karriere unbedingt schaden. Wütend starrte er Wanja an.

«Sie werden unterschreiben», sagte er nun zischend, «aber Sie kommen nie mehr nach Hause, das verspreche ich Ihnen. Niemals werden Sie die vier Wände Ihrer Einheit lebendig verlassen. Hier im Gesetzbuch ...»

«Da im Gesetzbuch, Genosse Oberst», unterbrach Wanja ihn ruhig, «und das wissen Sie genauso wie ich, finden Sie kein, aber auch kein einziges Wort oder einen Anlass, womit Sie mit mir so verfahren können, wie Sie es eben ausdrückten. Überhaupt schreien Sie ja nur deshalb so herum, weil Sie Angst haben, ich könnte Ihrer Karriere schaden.»

Nun hätte sich Wanja am liebsten die Zunge abgebissen – das hätte er nie sagen dürfen. Der Mann schrie auf, als hätte Wanja ihn tödlich verwundet. Über eine halbe Stunde lang stieß er nun Drohungen aus, Drohungen aller Art und in jeder möglichen Form. Plötzlich unterbrach er den Strom seiner Verwünschungen und wurde ganz still.

«Ob er wohl heiser geworden ist?» fragte sich Wanja.

Dann zischte der Kommissar Wanja einen Satz entgegen, der ihm unter die Haut ging: «Ich kenne deine Brüder, die kommen in unserer Stadt in der Kommunistischen Straße zusammen, das sind alles Verräter des Sozialismus. Aber wir werden mit euch allen fertig!»

Er wurde noch leiser, und in seinem Zischen wie von einer Schlange hörte Wanja die letzten Worte, die er für heute zu hören hatte: «Erst letzte Woche haben wir einen deiner Brüder aus der Ukraine – nebenbei auch so einer aus dieser Kompanie – in der Psychiatrischen Klinik zum lieben Gott geschickt. Ich glaube, du bist der Nächste.» Ein grillendes Lachen füllte den Raum. «Gehen Sie, Baptistenbrut, wir werden mit Ihnen schon fertig.»

«Gehen Sie!» schrie er Wanja wieder an.

Während dieser sich zur Tür wandte, begab sich der Kommissar zum Wandspiegel, seine ergrauenden Haare waren bei der ganzen Aufregung in Unordnung geraten. Mit zittriger Hand brachte er sie zurück in ihre streng gehaltene Form.

10. Ein Engel war dabei

Am nächsten Tag wurde Wanja wieder in das Büro des Politleiters der Kompanie bestellt. Man sagte ihm, der Oberst sei wütend.

«Junge, Junge, bist du blöd», sagte der Unteroffizier zu ihm. «Die werden dich heute zu Hackfleisch machen. Das sind doch alles KGB-Asse. Und es gibt nichts in unserem Land, was schlimmer wäre, als in ihre Hände zu fallen.»

Wem sagte er das. Wanja wusste nur zu gut, was ihn alles erwarten könnte. Nicht nur einmal hatte er in seinen schlaflosen Nächten alles durchgespielt: Gefängnis, Arbeitslager, Tod. Er hatte Angst. Keine Frage, er hatte immer wieder Angst. Auch heute, jetzt auf dem Weg in das Politbüro. Was würden sie ihn fragen? Würde er fest bleiben? Würde er nicht zusammenbrechen? Ja, er hatte sich vorgenommen, nichts zu unterschreiben, was seinen Dienst mit der Waffe dokumentieren würde. Aber könnte er es auch dann noch, wenn sie ihn unter Druck setzen würden? Würde er dazu fähig sein? Angst, nichts als Angst umgab ihn.

Wanja betete, während sie sich dem zweistöckigen Gebäude näherten. Auf einmal hatte er den Eindruck, dass direkt hinter und über ihm jemand ging. Er hatte noch nie zuvor ein solches Empfinden gehabt. Er blieb stehen, missachtete alle Befehle des Unteroffiziers, sah sich um. Aber hinter ihm war niemand. Er hatte nur den Eindruck, dass die Luft oberhalb seines Kopfes stark verdichtet war, und er spürte, wie gerade aus dieser Luftdichte auf ihn eine Art Energie herunterkam.

«Ein Engel», schoss ihm der Gedanke durch den Kopf. Er hatte noch nie in seinem Leben Engel erlebt, wenigstens nicht unmittelbar. Jetzt war er sich auf einmal sicher, hinter und über ihm ging ein Engel. Vielleicht sogar mehrere. Er war also nicht allein! Unbeschreibliche Freude erfüllte sein ganzes Wesen. Die Angst war weg. Sicheren Schrittes setzte er seinen Weg fort. Wer, wer in der ganzen Welt sollte ihm Angst machen wollen? Gott war bei ihm. Er hatte seine Engel gesandt. Nein, Wanja war nicht allein.

Im Büro-Zimmer des Kommissars warteten auf ihn eine Reihe hochrangiger Offiziere. Eine dicke, schwere und entsetzlich stinkende Zigaretten-Rauchwolke umgab sie. Die Rauchschwaden mischten sich mit Alkohol-Ausdünstungen, die man im Russischen treffend «Peregar» nennt, ein Wort, das man gar nicht erst ins Deutsche übersetzen kann und das so viel wie den Gestank des Angebrannten meint. Wanja wurde von diesem hochangereicherten Luftgemisch fast übel.

«Gewöhne dich daran, das ist in Zukunft die Atmosphäre, in der du dein Zeugnis ablegen wirst», schien eine Stimme in ihm zu sagen. Und wie Recht sie behalten sollte. Tatsächlich rochen alle Räume auf dem Militärcampus so. Und wo immer man einem der Offiziere begegnete, das allgegenwärtige Zigaretten-Peregar-Lüftchen war dabei.

Einer der Offiziere bat Wanja höflich Platz zu nehmen. Er tauchte in die Wolke ein und sah sich die Gesichter der Anwesenden näher an. Im Rauchdunst wirkten sie kantig, entschlossen und irgendwie bauernhaft. Vor ihm saß der Kommissar. Dieser begann das Gespräch. Er appellierte an Wanjas Vernunft, führte immer wieder – wie er sagte – wissenschaftliche Argumente gegen den Glauben und die Bibel an und bat ihn schließlich, seinen Entschluss, den Dienst mit der Waffe zu verweigern, aufzugeben.

«Was sagst du dazu?» fragte er schließlich. Seine Worte klangen vernünftig, fast väterlich. Der Ärger der letzten Begegnung schien sich offenbar verflüchtigt zu haben.

Wanja wollte gerade antworten, als ihn wieder der Eindruck überkam, dass jemand um ihn herum – oder war es direkt in ihm? – zugegen war. «Der Herr ist bei mir», durchschoss ihn der Gedanke. Für einen Augenblick genoss er die Gegenwart seines Herrn und seines von ihm gesandten Engels, und dann antwortete er. Wanja konnte sich später an kein Wort seiner Antwort mehr erinnern. Aber es muss so fundiert und überzeugend geklungen haben, dass die Offiziere bald nur noch staunten und zunehmend verstummten. Sie hatten bestimmt nicht erwartet, dass dieser neuzehnjährige junge Mann ihnen auf dem Gebiet der «wissenschaftlichen Beweisbarkeit Gottes» Widerstand bieten würde. Schließlich erhob sich der Kommissar von seinem Stuhl und sagte immer noch sehr höflich:

«Sie sind ein sehr kluger Junge. Sicherlich werden Sie Ihre Dummheit bald selbst einsehen, Ivan Ivanowitsch.» Dann entließ er ihn.

Wanja verließ das Büro des so gefürchteten Mannes erhobenen Hauptes. Man hatte ihn mit seinem Namen und Vatersnamen verabschiedet. Er hatte seine Würde und auch die Ehre des Herrn verteidigt. Zwar wusste er nicht, wie es geschehen war und woher er auf einmal all die guten Argumente her hatte. Ob es Gott war? Sicher war er es, wer denn sonst. Er hatte sein Versprechen gehalten und ihm in einer Notlage beigestanden. Wanja hatte seine Gegenwart gespürt und seine Hilfe hautnah erlebt. Das alles gab ihm neue, bis dahin unbekannte Kraft.

Der im Flur auf Wanja wartende Unteroffizier blickte ihn skeptisch an und fragte: «Du bist ja so froh. Haben sie dir deine Dummheit vergeben?»

«Nein», sagte Wanja, «ich habe Gott erlebt. Er ist auch gegen den KGB der Sieger.»

11. Der Test fand nicht statt

Nach dem Tag seiner Verweigerung begannen unzählige Gespräche mit den entsprechenden Vorgesetzten. Mal waren diese Gespräche interessant, intellektuell anregend, mal erschöpften sie sich in Drohungen. Wanja hatte viel gelesen von der Zucker-und-Peitsche-Strategie der stalinistischen NKWD[6]-Mörder. Diese hier waren zwar keine Mörder, aber ihr Vorgehen war so ähnlich, so leicht durchschaubar. Manchmal konnte Wanja bereits beim Eintreten ins Zimmer sagen, ob der Offizier ihm eine rosige Zukunft im Lande aller sowjetischen Möglichkeiten oder eher ein Schicksal im GULAG[7] anzudrehen versuchen würde. Sie hatten alle eine Schule hinter sich, und sobald man die Masche durchschaute, verschwand die Angst vor dem übermächtigen KGB.

Eines dieser vielen Gespräche verlief im Büro des Politkommissars des Regiments. Der etwa 50 Jahre alte Oberst hatte Wanja recht freundlich empfangen. Er erkundigte sich über seinen Zustand, fragte ihn nach seiner Familie und auch nach seiner Freundin aus. Wanja war klar, dieser hier hatte nur Zucker für ihn in petto. Und dann begann er Geschichten von Kriminellen zu erzählen, die hier eine Mutter, da ein junges Mädchen, da ein Kind – und so weiter und so fort – mal missbraucht, mal umgebracht und mal zum Krüppel geschlagen haben. Jede seiner Geschichten endete mit dem Satz: «Stell dir einmal vor, es wäre deine Mutter,

[6] Bezeichnung des Geheimdienstes in der Zeit der Herrschaft Stalins.

[7] Zentralverwaltung der Arbeitslager in der Zeit Stalins.

deine Freundin, deine Schwester gewesen. Würdest du sie nicht verteidigen? Würdest du nicht zur Waffe greifen, wenn dir eine zur Verfügung gestanden hätte? Beten allein würde doch bestimmt nicht helfen.»

Der Oberst kannte Wanjas Vergangenheit, wusste, dass er Boxer gewesen war und – wie sollte er auch anders? – griff seine körperlichen Fähigkeiten auf. Es wäre doch ein Verbrechen, einem Verbrechen zuzusehen und nicht zu helfen, nicht zu retten. Auch Gott, wenn es denn einen Gott geben würde, könnte doch unmöglich so etwas wollen. Er sprach, zündete sich währenddessen eine Zigarette an und umgab Wanja in den wenigen Pausen zwischen seinen Geschichten mit einer Wolke deftigen Belomor-Kanal[8]-Gestanks. Alles in seinem Blick, seinen Gesten, seinen Worten sprach dafür, dass er diesen vor ihm sitzenden dummen Burschen schon umdrehen würde. Schließlich schien alle Logik auf seiner Seite zu stehen.

Wanja hörte sich seine Geschichten an und schwieg. In seinem Herzen betete er zum Herrn um Weisheit. Hatte er uns doch zugesagt, uns in solchen Situationen nicht um Worte und Antworten sorgen zu müssen; er würde uns diese schon geben. Wanja wusste wirklich nicht, was er dem Mann sagen sollte. Niemand hatte ihn auf ein solches Gespräch vorbereitet. Aber die Erfahrung der helfenden Gegenwart Gottes, die er erst Tage vorher gemacht hatte, machte ihm Mut, auch hier zu vertrauen. Sicher würde er niemals ein Kind, ein Mädchen oder seine Mutter in der Gefahr im Stich lassen. Und bestimmt würde er sie verteidigen. Aber wie? Dürfte er als Christ in solchen Fällen etwa doch zur

---

[8] Sowjetische Zigarettensorte ohne Filter.

Waffe greifen? Was sagte die Bibel dazu? Wanja wusste es nicht. Woher auch? Die wenigen Monate nach seiner Bekehrung hatte er sich mit vielen Themen beschäftigt, aber solche Themen kamen in seinen Gesprächen mit seinen geistlichen Mentoren nicht vor. Er musste antworten. Aber was? Würde er dem Kommissar beipflichten, dann würde seine ganze religiös motivierte Verweigerung wie ein Kartenhaus zusammenfallen. Nein, auch wenn er ihm hier und da beipflichten könnte, er durfte es nicht. Es war überlebenswichtig.

Der Oberst musste Wanjas Zögern wohl gespürt haben. Seine Pausen zwischen den Geschichten wurden immer länger, als würde er sagen wollen: «Tja, junger Mann, jetzt sind Sie doch am Ende mit Ihrem biblischen Latein.» Schließlich unterbrach er seinen Monolog und forderte Wanja direkt auf, zu seinen Geschichten Stellung zu nehmen. Dieser schwieg einen Augenblick und sagte dann mit fester Stimme:

«Genosse Oberst, was sollen alle Ihre Argumente? Wir sollten einfach einmal die Erfahrung sprechen lassen. Mit Ihren Worten forderten Sie nicht mich, sondern Gott selbst heraus. Alle Ihre grauenhaften Konstruktionen gehen doch davon aus, dass Gott, sollte ich denn nun in einer entsprechenden Situation sein, nicht eingreifen könnte und den oder die Täter nicht überwältigen könnte. So ist es doch. Ich glaube fest daran, dass Gott, mein Herr, mich in einer solchen Situation nicht im Regen stehen lassen würde. Sie dagegen lachen darüber.»

Und in der Tat fing der Mann ob Wanjas Antwort an, laut zu lachen.

«Also wagen wir doch ein Experiment», setzte Wanja seine Rede fort. «Heute Nacht stellen Sie mich ohne Waffe auf Wache. Lassen Sie mich zum Beispiel den technischen Park des Regiments bewachen. Ich werde die Technik im Gebet beschützen, und Sie überfallen höchstpersönlich den Park. Sie können dabei gerne eine entsprechende Waffe mitnehmen. Mal sehen, wie weit Sie kommen. Sicher, ich werde Ihnen nichts antun, aber Gott? ... Nun, das weiß ich nicht. Er könnte Sie verschonen oder auch Ihr Leben nehmen. Also, lassen Sie es mich Ihnen beweisen, dass ich ein guter Soldat sein kann auch ohne Waffe. Morgen um diese Zeit führen wir dann unser Gespräch hier bei Ihnen im Zimmer weiter, wenn Sie dann überhaupt noch am Leben sind. Denn es ist gefährlich, gegen den lebendigen Gott anzutreten.»

Der Oberst sah Wanja lange merkwürdig an. Seine Zigarette blieb wie angefroren in der Luft hängen. So als hätte er sie vergessen. Es muss eine Ewigkeit gedauert haben. Sie schwiegen beide. Irgendetwas geschah. Ob der Mann sich an etwas erinnerte? Er schien intensiv nachzudenken. Dann senkte er seinen Blick.

«Ich meine es ernst. Wir können es heute Nacht ausprobieren», sagte Wanja wieder.

«Du kannst gehen, Soldat», befahl der Oberst mit müder Stimme. «Wer hat dich bloß dermaßen fanatisiert? Leid tust du mir, sehr leid.»

Wanja gehorchte und verließ den Raum mit dem Gefühl, gesiegt zu haben. Nein, der Oberst traute sich nun doch nicht, den direkten Vergleich mit Gott zu wagen. So ganz sicher war sich der Mann scheinbar doch nicht. Wanjas Vorschlag hatte ihn aus der Bahn geworfen und ganz offensichtlich zum Nachdenken gebracht.

Es sollten noch viele Gespräche im Kommissariat folgen. Doch nie mehr mit dem Leiter. Er schickte immer andere vor. Ob er beschämt war? Ob er gar etwas über Gott gewusst hat? Aus seiner Kindheit vielleicht? Wanja sollte es nie erfahren. Aber diese Begegnung lehrte ihn eines: Nicht alles im Leben lässt sich durch Diskussion und Argumentation klären. Allein das Angebot einer unmittelbaren Begegnung zwischen Mensch und Gott war hier genug, um das sorgfältig aufgebaute intellektuelle Gebäude zusammenfallen zu lassen.

12. Zahn um Zahn ...

Angst. Kein anderes Wort beschrieb seine Empfindungen besser als dieses. Er hatte Angst. Noch wenige Minuten, und dann ... dann würden alle schlafen gehen.

«Und ich?» Eine geradezu panische Angst überfiel ihn. «Sie werden mich holen, wahrscheinlich werden sie mich schlagen!»

Wanja, der dritte Soldat in der zweiten Reihe der zum Abendappell aufmarschierten Kompanie, stand stramm mit angestrengtem Gesicht. Er hatte Angst ... seine Augen und seine angespannten Gesichtsmuskeln verrieten es.

«Sie dürfen meine Angst nicht bemerken – sonst wird alles nur noch schlimmer. Oh Gott, hilf mir!»

Doch der diensthabende bravouröse Unteroffizier Petuchow schien längst alles gemerkt zu haben. Breitbeinig stand er Wanja gegenüber und sah ihn an. In seinen blaugrünen Augen spielte ein wildes Licht. Er schmunzelte Wanja zu, und ihn immer noch anschauend, fing er an, den vor Wanja stehenden Korjakin zusammenzustauchen. Die Stiefel seien nicht genügend blank, die Uniform schmutzig, befand er. Alle warteten auf eine Strafe. Doch erstaunlicherweise blieb sie heute aus. Überlegen zog Petuchow eine Streichholzschachtel aus der Tasche, und dann brüllte er die Abteilung an: «Heute zeigt ihr mir, was ihr faulen Säcke in den letzten drei Monaten gelernt habt. Ich zünde jetzt ein Streichholz an. Ihr habt Zeit, euch in die Betten zu legen, solange es brennt. Nicht vergessen: Uniform ordnungsgemäß zusammenlegen, Stiefel unter den Hocker, Fußlappen über die Stiefel. Wer unordentlich vorgeht, gilt schon jetzt als bestraft. Und jetzt auf Kommando: Marsch!»

Die dritte Abteilung kannte das Streichholzkommando schon. Petuchow zündete das Streichholz an, und alle stürmten zu ihren Betten. Die Angst, wieder einmal die ganze Nacht in der Küche Kartoffeln schälen zu müssen, bewirkte Wunder: In wenigen Sekunden lagen alle in ihren Betten. Jetzt kam die Kontrolle. Petuchow war mittlerweile dafür bekannt, immer jemanden für schuldig zu befinden. Wer würde heute sein Opfer sein?

Lässig und allem in seiner Wut überlegen, schritt er die Kaserne ab. Bei einigen Betten blieb er stehen, warf die Stiefel um, brachte die Uniform durcheinander, befahl dem betreffenden Soldaten aufzustehen und alles wieder in Ordnung zu bringen. Aber bestraft hatte er heute noch niemand. Die Rekruten sahen dabei nicht zu. Fast jeder fieberte vor Angst. Das schien Petuchow besonders zu gefallen. Man hatte Angst vor ihm. Plötzlich erblickte er ein ihn eher verächtlich anblickendes Gesicht. Es war Dunkin. Wie gestochen blieb Petuchow stehen, nahm Dunkin ins Visier und sah ihn gefährlich an. Aber dieser ließ sich durch den Unteroffizier kaum beeindrucken.

«Du, du gelehrtes Schwein», brüllte Petuchow los, «was glotzt du mich so an, häh?»

«Erstens bin ich kein Schwein, Genosse Unteroffizier, sondern Sowjetsoldat, und zweitens freue ich mich über unser gutes Abschneiden heute», antwortete Dunkin nicht ohne Ironie in seiner Stimme.

«Erstens, zweitens, gutes Abschneiden ... wie redest du mit mir, du Dummkopf? Aufstehen. Aufstehen!» brüllte Petuchow aus voller Kehle.

Langsam stand Dunkin auf und stellte sich dann in seiner zerrissenen Unterhose vor Petuchow auf. Der Anblick der zum Teil in Fetzen herunterhängenden Unterwäsche brachte den Unteroffizier nun allerdings gänzlich außer sich.

«Wie wagst du es, von ‹gutem Abschneiden› zu reden, du Universitätsratte? Sieh dir doch einmal deine Wäsche an, du Gelehrten-Clown!»

«Das habe ich in diesem Zustand heute in der Banja[9] anstelle sauberer Wäsche erhalten», stellte Dunkin sachlich fest.

Er war bei weitem der älteste Rekrut. Seine Studien an der Moskauer Universität hatten ihm für Jahre eine Befreiung vom Militärdienst eingebracht. Dann soll – so sagte man – irgendeine politische Geschichte gelaufen sein, bei der Dunkin seinen Platz in der Aspirantur[10] verloren hatte, so dass er nicht an seiner Promotion zum Doktor der Philosophie weiterarbeiten durfte und stattdessen zum Militär einberufen wurde. Dieses dubiose Ereignis war es wohl auch, das ihn zum einfachen Soldaten abgestempelt hatte. Sonst erfreuten sich alle Absolventen sowjetischer Hochschulen gleich ihrer Offizierswürde. Dunkin jedoch blieb diese so genannte Würde erspart. Dafür aber «genoss» er in vollen Zügen die dreckige Behandlung solcher Ausbilder wie Sergeant Petuchow.

Dieser kleine, ausgedörrte Typ genoss offensichtlich seine Machtposition, und die geistige Überlegenheit eines Dunkin war ihm sichtlich unangenehm. Deshalb bestrafte er den Akademiker, wo es nur ging.

«Du hast dieses Zeug in unserer Wäscherei erhalten?»

---

[9] Russisches Bad und Sauna.

[10] Wissenschaftlicher Lehrgang an sowjetischen Universitäten, der zum «Kandidaten der Wissenschaften» (Doktoralgrad) führt.

schrie Petuchow höhnisch. «Da lachen ja die Hühner – in einer vorbildlichen sowjetischen Armee-Einheit wie der unsrigen? Du, du hast dir extra das letzte Zeug angezogen, um unsere Armee zu verleumden, du politischer Intrigant, du. Dir werden wir schon noch das Gehirn waschen. Zieh dich an und marschier in die Küche zum Strafarbeitseinsatz!»

Doch Dunkin war nicht so schnell abzuschütteln. Zornentbrannt blickte er Petuchow an und zischte diesem entgegen: «Warum kommen Sie denn nicht gleich auch zur Strafe mit, Genosse Sergeant Petuch[11]? Sie haben mir doch dieses Zeug von Wäsche selbst heute Nachmittag ausgehändigt. Sie waren es, der mir bescheinigt hat, für einen Bücherwurm aus Moskau habe man nichts Besseres übrig.»

Dunkins klare Worte brachten das Fass zum Überlaufen. Petuchow brüllte und fuchtelte mit seinen langen dünnen Armen, als würde er sich selbst dirigieren. Dunkin begann sich inzwischen anzuziehen, kommentierte aber jeden Griff mit der Drohung, den Unteroffizier bei höheren Vorgesetzten anzuklagen. Wohl als Reaktion auf die Drohungen Dunkins drehte Petuchow sich plötzlich von diesem weg und schrie aus voller Kehle: «Kompanie zum Appell antreten!»

In wenigen Sekunden reihten sich die Rekruten in ihrer Unterwäsche im Gang auf.

«Dunkin, zwei Schritte vortreten», befahl Petuchow und fuhr dann höhnisch fort: «Jetzt werden wir beide jedes Stück Wäsche inspizieren, und wenn wir ein zwei-

---

[11] Petuch = Hahn; im Russischen ein stehender Begriff für Angeber und Möchtegern-Führer. Der volle Name Petuchow ist hier absichtlich gekürzt worden.

tes Exponat finden, das deinem Lumpen ähnelt, dann kannst du mich anklagen; wenn aber nicht, Dunkin, dann kannst du dich bereits heute auf die nächste schlaflose Nacht in der Kartoffelküche freuen. Los», befahl er schroff, «sieh dir die Wäsche deiner Genossen genau an.»

Doch während sich Petuchow dem ersten Soldaten zuwandte, blieb Dunkin seelenruhig stehen.

«Was stehst du da, Genosse Advokat?» schrie Petuchow ihn wieder an. «Komm, deine Kameraden freuen sich schon auf dein Attest. Stimmt doch, oder?» fragte er spöttisch die düster dreinblickenden Rekruten.

Ein Murren ging durch die Reihen. Niemand wollte diese Szene. Alle waren müde und wollten schlafen. Auch Dunkin wusste das.

«Niemand freut sich über Ihr Kindertheater, Genosse Unteroffizier», antwortete er für sie, «und ich mache es auch nicht mit, es ist unter meiner Würde.»

«Würde, sagst du?» brüllte Petuchow. «Merke dir eins, Dunkin, in der sowjetischen Armee hat nur der Würde, dem die Partei die Macht anvertraut hat. Du hast so wenig Würde wie Haare deinen sturen Kopf schmücken. Kahlköpfe haben bei uns zu gehorchen. Wer herumphilosophiert, wird bestraft», schloss Petuchow und befahl der Kompanie, sich jetzt hinzulegen.

«Und du, Dunkin, marsch, deine Unterwäsche stopfen. Falls ich sie morgen im gleichen Zustand finde, dann gibt es keine Gnade mehr», sagte er nun gespielt versöhnlich.

«Irgendetwas hat diesen Tyrannen wohl umgestimmt», dachte Wanja in seinem Bett. Der Vorfall mit Dunkin ließ ihn seine eigene Angst ganz vergessen. Er zog sich die Decke über den Kopf und fing an, für Dunkin zu beten.

«Herr», fiel es ihm ein, «wo soll der arme Dunkin jetzt bloß Nadel und Zwirn finden? Bitte schicke ihm einen Freund.»

Während er so betete, löschte Petuchow das Licht, und bald kehrte die lang ersehnte Nachtruhe ein, die wenige Minuten später nur von schnarchenden Leidensliedern unterbrochen wurde. Doch die störten niemanden. Alle waren viel zu müde, um noch irgendetwas an sonderbaren Geräuschen mitzubekommen.

Niemand hörte dann auch die Schritte in der Kaserne, die sich einige Stunden später unweigerlich dem Bett von Wanja Richter näherten. Doch Wanja hörte sie. Irgendeine Macht schien ihn geweckt zu haben. Und als die Schritte den langen Flur entlang zu hören waren, wusste er: Sie kommen zu mir.

«Jesus», betete er, «hilf mir, dir treu zu bleiben.»

Merkwürdig, aber je näher die Schritte kamen, desto ruhiger wurde er. Jetzt waren die Schritte an seinem Bett verhallt. Jemand stand da im Dunkeln und wartete. Minuten vergingen. Wanja kam dieses Warten wie eine Ewigkeit vor. Und plötzlich war sie wieder da: die Angst.

«Was werden sie tun? Wie werde ich mich verhalten?» Tausende von Blitzgedanken und Befürchtungen jagten durch seinen Kopf. Die Person neben seinem Bett schwieg immer noch. Voll innerer Spannung bewegte sich Wanja, und im gleichen Moment spürte er eine schwere Hand auf seiner linken Hüfte.

«Richter, wir warten auf dich», sagte die Stimme. Und merkwürdig – wieder wirkte die Stimme beruhigend.

«Ich komme», antwortete er und sprang leise von seinem Stockbett herunter, zog sich hastig an und ging zum Ausgang des Schlafsaales. Auf halbem Weg durch den Schlafraum hörte er plötzlich jemanden weinen. Er blieb stehen und hörte deutlich jemanden sagen, entweder im Traum oder im Zustand völliger Erschöpfung: «Mama, ich kann nicht mehr, ich will hier raus. Wer kann mir helfen? Bitte, bitte helft mir doch!»

«Armer, armer Mensch, er hat keine Hoffnung, keine Hilfe. Er hat Dich nicht, Jesus», dachte Wanja, während er die Tür des Schlafsaals hinter sich zuzog. Die Stimme des hilflosen Rekruten gab ihm wieder Mut. «Nein, nein! Niemals werdet ihr mir meine einzige Hoffnung und Hilfe nehmen! Jesus, bitte hilf mir, Dir treu zu bleiben.»

Mit diesem Gebet im Herzen ging Wanja den langen Flur entlang, an dessen Ende eine schwache Glühbirne brannte. Es war das einzige Licht im Gang und hing genau gegenüber des Waffendepots der Kompanie. Schräg darunter befand sich die Tür zum Lenin-Zimmer, der Propaganda-Ecke der Partei und des ideologischen Apparats. Hier hielt man den Rekruten täglich dreistündige Vorlesungen über den ideologischen Feind und das herrliche Machtinstrumentarium des parteigeführten Volkes: die Rote Armee. Am Eingang zum Lenin-Zimmer wartete nun der Unteroffizier Peredelko auf Wanja, ein Ukrainer aus der Stadt Charkow, der sich in den wenigen Monaten, die die Rekruten auf dem Gelände verbracht hatten, durch seinen besonderen Eifer vor seinem Vorgesetzten ausgezeichnet hatte. Peredelko hatte Wanja geweckt.

«Hier eintreten, Richter», befahl er streng, und als Wanja an ihm vorbei das Zimmer betreten wollte, gab er ihm einen starken Schubs mit den Worten: «Nicht so schüchtern, Baptist, dein Gott ist doch bei dir. Also keine Angst, Kleiner.»

Der unerwartete Schubs warf Wanja buchstäblich durch die Tür bis zur Mitte des hell erleuchteten Lenin-

Zimmers. Geblendet von dem hellen Licht blieb er stehen und sah sich langsam um. Drei Personen saßen im Raum. Alle waren Wanja gut bekannt. Leutnant Swerew war bei jedem Gespräch des Kommissariats dabei gewesen. Sein kantiges, stumpf dreinschauendes Gesicht war Wanja gleich bei der ersten Begegnung aufgefallen. Swerew hatte aber bis zu diesem Treffen nie ein Wort gesagt. Seine Anwesenheit verwunderte ihn ein wenig. Der Leutnant begrüßte Wanja mit einem breiten, aber auch leicht hysterischen Lächeln.

«So», sagte er, «jetzt haben auch wir einmal die Ehre, Russisch miteinander zu sprechen. Du verstehst doch Russisch, Richter, nicht wahr? Immerhin hat man dir in unserem herrlichen sozialistischen Staat die Möglichkeit eingeräumt, ein Technikum zu absolvieren. Schade, schade ... Ich hätte das für einen Bogomol[12] sicherlich nicht zugelassen.»

Während Swerew weitersprach, sah sich Wanja die übrigen Anwesenden an. Neben Swerew saß ganz schüchtern der Turkmene Abdulajew, ein kleiner Rekrut, der Wanja noch nie besonders aufgefallen war. Er sprach schlecht Russisch, und man sagte über ihn, er sei zwei Jahre in der Wüste Karakum auf der Flucht vor dem Militärdienst gewesen. Nur die guten Beziehungen seines Vaters zum KGB retteten ihn vor einem Strafbataillon. Der Vierte im Zimmer war der diensthabende Unteroffizier Petuchow.

«Richter», fing Swerew wieder an, «wir wissen, dass du viele Jahre aktiv im Komsomol[13] warst. Aus den vorhergegangenen Verhören ist uns klargeworden, dass du

---

[12] D.h. Gottesanbeter – ein ironischer Ausdruck.
[13] Jugendorganisation der Kommunistischen Partei.

gar kein Baptist bist und einen Gottesglauben nur vorschiebst. Im Grunde bist du ein Faschist, der nur auf die Gelegenheit gewartet hat, unserem Land den Rücken zu kehren. Deine Eltern bemühen sich ja längst um die Ausreise zu den Imperialisten in der BRD. Doch leider hast du Pech gehabt. Statt zu den Faschisten nach Hause kamst du zu uns. Und wir haben nun die Aufgabe, dich wieder auf den rechten Pfad zu bringen.»

Swerew machte eine Pause, als wollte er eine Antwort hören. Doch Wanja schwieg. Der Offizier wartete ein Weilchen, stand dann auf, ging auf Wanja zu, stellte sich direkt vor ihm auf, packte ihn mit seinen fetten, ungewaschenen Händen am Kinn und sah ihm direkt in die Augen. Die großen, rot angelaufenen Kugelaugen spiegelten das Licht, aber das warme Glühlampenlicht färbte sich gefährlich rot und warf durch die Wimpern dünne Schattennadeln auf Swerews dicke Fleischnase. Der Leutnant starrte Wanja an, als wollte er diesen verschlingen. Aus seinem Mund stank es unerträglich nach Wodka und schlechtem Tabak. Wanja senkte seinen Blick, schon um den Furcht erregenden Augen Swerews zu entgehen. Er spürte Angst in sich hochkriechen. Langsam breitete sich ein leises Zittern über seinen Körper aus.

«Jesus», betete er im Stillen, «hilf mir.»

Seine Lippen mussten sich dabei lautlos bewegt haben, denn Swerew ließ ihn plötzlich los, ging zurück zu seinem Stuhl, setzte sich darauf, und als Wanja ihn wieder ansah, meinte er höhnisch: «Er betet. Na gut, kommen wir zur Sache. Erstens wollen wir deinen Glauben testen, Richter. Du kannst unseren Test aber jederzeit unterbrechen. Du brauchst dabei bloß zu sagen: Genosse Leutnant, ich sage mich hiermit von meinem

Glauben los und will treu dem sowjetischen Volk dienen. Verstanden?»

Wanja schwieg und betete innerlich. Überhaupt stellte er später fest, dass er ab diesem Augenblick ständig im Gebet gewesen war, und dies trotz alledem, was dann geschah. «Ob das der Heilige Geist in mir war, der so ununterbrochen meinen Geist zum Beten brachte?» fragte er sich später.

«Genosse Soldat Richter, du hast behauptet, dass du dein Leben nach der Bibel gestaltest. Stimmt das?»

«Jawohl, Genosse Leutnant, das stimmt», erhob Wanja zum ersten Mal seine Stimme.

«Lügner!» meldete sich aus der rechten Ecke des Lenin-Zimmers Petuchow.

«Und du hältst dich an jedes Wort der Bibel, ja?»

«Ja, Genosse Leutnant», wiederholte Wanja entschlossen. Seine Stimme klang diesmal ruhiger.

«Na gut, gleich werden wir dein Bekenntnis testen. Du kennst doch deine Bibel gut, Richter, ja? Was hat Jesus in Bezug auf eure Feinde gesagt?»

«Wir sollen sie lieben, Genosse Leutnant.»

«Und deshalb hast du dich auch von der Waffe losgesagt, nicht wahr?»

«Jawohl, Genosse Leutnant.»

«Und was empfahl Jesus zu tun, wenn euch jemand an die rechte Backe schlagen würde?»

«Wir sollten auch die linke bereitstellen», antwortete Wanja, jetzt Böses vorausahnend.

«Richter, du warst doch Boxer. Dann weißt du doch gut genug, wie man einem die Fresse zurechtmöbelt. Nun sieh, das wollen wir jetzt an dir tun. Unser Abdulajew hier hat uns erzählt, dass er in der Wüste Karakum den Schafen immer wieder mal schlechte Zähne gezogen hat. Er ist also der beste Mann dafür. Du bist ja das dummme Schaf, das ungerecht vor seine Feinde geführt wurde. Und der ungerecht Leidende muss alles still erdulden, nicht wahr?»

Swerew wanderte in überlegener Haltung um seinen Stuhl herum.

«Na, du kleiner Christus, dann zeig uns mal deine Feindesliebe. Ja, und noch eins: Schlage ruhig zurück, sobald es dir zu bunt wird und dir dein Christus-Theater über ist. Petuchow, den Stuhl», befahl er noch.

«Jawohl, Genosse Leutnant, hier ist der Stuhl.»

Petuchow stellte einen Hocker hinter Wanja hin.

«Setzen Sie sich, leidender Gottesknecht, bitte setzen Sie sich doch, Richter.»

Swerews Stimme drückte so viel Freundlichkeit aus, dass selbst Peredelko, der wohl nicht zum ersten Mal einer solchen Aktion beiwohnte, verwundert die Augenbrauen hochzog.

«Gekonnt, einfach meisterhaft», murmelte er, während er seinen Stuhl näher zu Wanja rückte. Auch Petuchow nahm neben ihm Platz. Ihre Gesichter leuchteten vor Vergnügen.

«Das wird eine Gaudi», meinte Petuchow zu Swerew.

«Fang an», brüllte Swerew Abdulajew an.

Dieser kam nun ganz schüchtern an Wanja heran und blieb unschlüssig vor ihm stehen.

«Los, hau ihm einen Zahn rechts unten raus», befahl Swerew.

Abdulajew blickte Wanja entschuldigend an, ballte seine Faust und schlug leicht zu.

Wanja senkte seinen Kopf und schrie innerlich zu Gott: «Vater, hilf mir durchzuhalten!» Dann hob er seinen Kopf und drehte Abdulajew die linke Seite zu. Diese Bewegung schien nun alle dermaßen zu provozieren, dass sie wutentbrannt zu skandieren begannen: «Hau ihn, schlag zu!» Ängstlich schlug Abdulajew zu, dann noch einmal, dann wieder, bis Wanja anfing, Blut zu spucken. Mit dem Blut kamen die ersten Zähne heraus.

«Genug für heute.»

Swerew stand auf und trat auf Wanja zu. Er bückte sich vor ihm nieder, sammelte die zwei eben herausgeschlagenen Zähne auf und hielt sie Wanja vor die Nase, der zitternd und mit Tränen in den Augen auf dem Hocker saß.

«Ach, du weinst ja schon, Kleinchristus. Heute warst du noch tapfer. Aber deine Testserie hat erst begonnen. Morgen Nacht machen wir weiter. Geh, wasch dich, und dann ab in die Heia. Abdulajew, du hast es gut gemacht. Morgen Früh kannst du ausschlafen. Hören Sie, Petuchow, Abdulajew braucht nicht zum Appell anzutreten.»

«Jawohl, Genosse Leutnant», antwortete dieser und begleitete Wanja zum Waschraum.

«Schnell, Richter», befahl er, «und dass kein Blutfleck auf deiner Uniform zu sehen ist. Verstanden?»

Wanja betrat zitternd den Waschraum. Ihm war übel. Wilde, pochende Schmerzen durchzuckten seinen Kiefer auf beiden Seiten. Immer noch standen ihm die Fäuste Abdulajews vor den Augen.

«Dieser schmierige Turkmene! Oh, ich hätte dich mit einem Haken ausschalten können.»

Einen Augenblick lang war sein Kopf voller Rachegedanken. Er trat ans Waschbecken heran. Eigentlich war es kein Becken, sondern eine breite Metallrinne, die das Wasser sammelte und ins Abwassersystem abführte. Wie benommen drehte Wanja den Hahn auf. Das kalte Wasser tat gut. Die Schmerzen ließen etwas nach. Wanjas Gedanken rasten.

«Würde Abdulajew jetzt das Bad betreten, ich würde ihm seine dienerischen Fäuste zermalmen! Ich ...»

Doch der schwache Ruf aus der anderen Ecke des dunklen Waschraums unterbrach Wanjas Drohungen, die sich wie eine schwarze Wolke um sein Gehirn legten. Er drehte sich um ... und sah Dunkin auf dem Boden liegen. Jemand hatte ihn wohl vor Stunden zusammengeschlagen und dann mit seiner zerlumpten Unterwäsche an die Heizung gebunden.

«Richter», bat er, «bitte binde mich los.»

Nachdem Wanja ihn befreit und Dunkin seine Lumpen wieder zusammengesammelt hatte, sah er Wanja näher an und bemerkte, wie Blut aus dessen Mundwinkeln floss. Da sagte er traurig:

«Und dir müssen sie deinen Gott aus dem Herzen schlagen. Welch ein grauenhaftes System!»

In diesem Moment betrat Petuchow den Raum.

«Bist du endlich fertig, Richter? Ab ins Bett. Und du, Dunkin, was machst du hier? Ach so, deine Unterwäsche geflickt. Schön gemacht, Dunkin.»

Petuchow tat so, als würde er Dunkins Wäsche inspizieren, und obwohl dieser nichts daran getan hatte, ließ er auch Dunkin schlafen gehen.

«Übrigens, Dunkin», rief er den beiden geschlagenen Rekruten noch im Gang nach, «für das gute Verhalten darfst du auch schlafen gehen. Heute bin ich besonders gnädig.»

Ein leises Fluchen war die Antwort.

«Besser, du schweigst, Dunkin», beeilte sich Wanja zu sagen. «Im ersten Halbjahr haben wir sowieso nichts zu melden.»

Jedes Wort tat ihm weh. Dunkin musste es bemerkt haben.

«Ja, ihr Christen, immer bleibt ihr Idealisten. Man jagt euch, sperrt euch ein, prügelt euch zu Tode, und ihr schweigt. Sag mal, Richter, woher nehmt ihr euch diese Kraft?»

Wanja antwortete nicht. Er schämte sich. Hatte er nicht gerade eben an Abdulajew Rache üben wollen? Ohne ein Wort zu verlieren, ging er zu seinem Bett. Schlafen konnte er jedoch nicht mehr. Die Schmerzen quälten ihn. Und seine Gedanken noch viel mehr.

«Der Kampf hat begonnen», dachte er, «aber der Feind ist nicht Swerew. Mein Feind sitzt in mir! Kann ich wirklich lieben, wie Jesus geliebt hat? Kann ich Abdulajew verzeihen? Der Arme ... er kann doch eigentlich nichts dafür, dass man ausgerechnet ihn für diese Tortur ausgesucht hat. Sie wollen sich ja nur absichern, falls die Sache ans Licht kommt, damit nicht der KGB der Schuldige ist, sondern ‹ein Soldat eine persönliche Rechnung beglichen› hat.»

Tausende von Gedanken wälzten sich durch sein Gehirn. Übermüdet schlief er kurz vor dem Morgenappell dann doch noch ein.

Und er träumte, er wäre wieder zu Hause in Estland: Der Pastor seiner Gemeinde besuchte seine Familie. Er brachte eine große Bibel mit. «Diese Bibel will ich Wanja schenken», sagte er und gab sie ihm. Wanja nahm die Bibel, schlug sie auf und las in Matthäus 5: «Es ist den Alten gesagt: Auge um Auge, Zahn um Zahn. Ich aber sage ...»

In diesem Moment heulte die Sirene los, die jeden Soldatentraum beendete. «Kompanie zum Appell antreten!» krähte Petuchow. Ein neuer Tag in der Roten Armee begann.

13. Geburtswehen des Glaubens

Zwei Tage vergingen. Niemand schien sich mehr um Wanja zu kümmern. Trotzdem schlief er abends angstvoll ein und erwachte manchmal mitten in der Nacht, schweißgebadet.

«Vielleicht wollten sie mich ganz einfach nur erschrecken», hoffte er.

Aber Peredelko kam wieder. Es war in der dritten Nacht, von Freitag auf Samstag. Und alles wiederholte sich. Swerew begann die Prozedur diesmal damit, dass er Wanja die zwei herausgeschlagenen Zähne zeigte und ihn bat, um Gottes willen doch die anderen zu schonen. Doch Wanja schwieg auch diese Nacht und ließ die ganze Tortur schweigend über sich ergehen. Wieder verlor er einen Zahn.

Die darauf folgende Nacht war am furchtbarsten. Sie holten ihn kurz nach Mitternacht. Die ganze Gruppe war schwer angetrunken.

«Wir feiern schon das Abendmahl vor, Richter, bitte entschuldige unsere Fröhlichkeit. Es ist ja der erste Sonntag im Monat. Ihr denkt doch da immer an das Leiden eures Heilandes, nicht? Und da haben wir beschlossen, dir heute Nacht eine besondere Ehre zukommen zu lassen. Du sollst richtig leiden dürfen. Wie ein wirklicher Christus-Jünger.»

Swerew spottete mit schwerer Zunge.

«Jawohl, Richter, es ist eine besondere Ehre», wiederholte Peredelko.

Dieses Mal schien auch der angetrunkene Abdulajew Freude an der Sache gefunden zu haben. Er schlug sein wehrloses Opfer mit besonderem Genuss. Nur eines bereitete ihm offensichtlich Probleme: Da er nur die Wange oberhalb des Kiefers treffen durfte, um blaue

Flecken im Gesicht oberhalb des Bartes zu vermeiden, musste er immer wieder um die Hilfe Peredelkos bitten, dass er Wanjas Gesicht hielt. Als genug Zähne aus Wanjas Mund herausgespült waren, schlug Abdulajew weiter auf Wanjas Körper ein, der längst auf dem Boden lag und sich vor Schmerzen wand.

Dieses Mal konnte er sich nicht mehr selbst waschen. Jemand wusch sein Blut ab und brachte ihn ins Bett. Den ganzen Sonntag ließ man ihn im Bett; er wäre auch kaum fähig gewesen, sich zu bewegen.

Am Montag aber schrie ihn Pawlenko aus dem Bett. Wanja trat zum Morgenappell an, obwohl ihm schrecklich übel war. Nach der obligatorischen Gymnastik lief er zur Toilette. Hier fand er sein Neues Testament. Er hatte es nach langem Überlegen, wo er sein wertvolles Buch verstauen könnte, hier hinter einem schlecht befestigten Brett versteckt. Er schlug es einfach auf und begann gierig an dieser Stelle zu lesen. Er traf das Wort aus Römer 8,28: Denen, die Gott lieben, dienen alle Dinge zum Besten. Das Wort wirkte wie Balsam auf offene Wunden. Wanja spürte sogar körperliche Erleichterung.

Draußen rief man schon wieder die Kompanie zum Appell. Er musste gehen. Die zwei Minuten Pause waren zu Ende. Aber sie gaben Wanja die Möglichkeit, Gott ungestört zu begegnen. Und so kam er getröstet aus dieser kurzen Begegnung zurück und stellte sich in seine Reihe.

Der Montag war Arbeitstag. Alle militärischen Pflichtübungen der Rekruten fielen aus: Man ging dem Haushalt der Kaserne nach. Wanja erhielt die Aufgabe, das Gelände der technischen Reparaturwerkstatt zu reinigen.

«Abdulajew, du gehst mit Richter mit», befahl Pawlenko. «Soldat Richter, du bist für die Arbeit verantwortlich.»

Erst später erinnerte sich Wanja an das höhnische Lächeln des Unteroffiziers, als er diesen Befehl gab. Wanja sah rasch Abdulajew an und merkte, wie dieser zusammenfuhr. «Er hat Angst», stellte Wanja mit plötzlicher innerer Genugtuung fest. «Erst gestern schlugst du mich wie den letzten Hund. Jetzt hast du Angst. Du armer, schwarzer Wüstenschakal.»

Eine Flut von neuen Rachegefühlen stürmte auf Wanja ein. «Gleich werden wir allein und ungestört sein. Da hinter der Reparaturwerkstatt sieht und hört uns keiner. Da zeige ich dir, was der Richter kann.» Diese Gedanken kamen so massiv, dass Wanja, der zuerst vor seiner Rachelust zurückschreckte, sich nun ganz der wachsenden Wut hingab.

Er nahm seinen Besen und ging vor Abdulajew zur Werkstatt, wie die Vorschriften es vorsahen. Plötzlich blieb er stehen. Vor ihm lag das kleine Strafgefängnis. Bis zu fünfzehn Tage verbrachten schuldig gewordene Soldaten hier drin. Das kleine viereckige Holzhäuschen, schlecht gebaut und nur mit einem Fenster unterhalb des Daches versehen, erinnerte Wanja stark an die unverschuldete Folter der letzten Nacht. Der wunde Kiefer tat unerträglich weh. Ihm wurde wieder übel. Der Horizont vor ihm vernebelte sich, und um auf den Beinen zu bleiben, machte Wanja eine hastige Drehung und stieß mit dem gesenkten Hauptes folgenden Abdulajew zusammen. Dieser hob seinen Blick, sah in das schmerz- und wutverzerrte Gesicht Wanjas und schützte schnell seinen Kopf mit beiden Armen, als erwarte er einen Schlag. Diese ängstliche Bewegung brachte Wanja wieder voll zu Bewusstsein.

«Er hat Angst, dieser ängstliche Henker», dachte er in schmerzvoller Lust auf Rache. Dann zischte er Abdulajew zu: «Bleib auf Distanz, Kleiner, sonst ...» Darauf drehte er sich um und ging schnellen Schrittes in Richtung Arbeitsstelle. «Ja, er hat Angst», stellte Wanja wiederholt fest. «Nein, ich bin nicht einfach ein Hampelmann, den man nach Lust und Laune zusammenschlagen kann. Ich bin noch wer. Der Kleine hat Angst!»

Diese Gedanken beflügelten Wanja. Am Einsatzort angekommen, wählte er den dreckigsten Teil der Arbeit aus und befahl Abdulajew mit schrillem Ton: «Du gehst dahin.»

Dieser sagte kein Wort, nahm seinen Besen und ging in die hintere Ecke, die von vielen Soldaten als Toilette benutzt wurde.

«Da gehörst du auch hin», wollte Wanja da vor sich hinsagen, er stockte aber mittendrin. Hatte er sich verhört? Nein, das konnte unmöglich wahr sein: Seine eigene Stimme war der Stimme Swerews jetzt zum Verwechseln ähnlich. Die Art, wie er Abdulajew abkommandierte, die Gedanken, die ihn seit zehn Minuten bewegten – ja, das war Swerew. «Swerew in mir? O Gott, das kann doch nicht wahr sein. Ich rachsüchtiger Mensch!»

Wanja stand da, wild um sich schauend. Plötzliche Gefühle der Reue füllten sein Herz. «Ich will doch lieben, deshalb schlug ich nicht zurück. Und jetzt, wo mich keiner sieht, jetzt nutze ich meine Chance, um zurückzuschlagen. Oh, ich elender Sünder», dachte Wanja. Und ohne auch nur eine Sekunde zu verlieren, lief er zu Abdulajew hinüber und fing wie wild an, diesem zu helfen.

«Hör mal, Raschid, ich helfe dir hier. Das stinkt ja schrecklich», sagte er fast überfreundlich.

«Du mir nicht helfen brauchen. Ich auch alleine zurechtkommen», antwortete dieser ängstlich in seinem gebrochenen Russisch.

Die ablehnende Antwort Abdulajews brachte die scheinbar besiegte Wut zurück. «Siehst du, er braucht keine Vergebung. Er hat es nicht nötig, dass du ihm hilfst. Du bist eben zu nichts nütze, Richter. Nicht einmal deine Vergebung interessiert diesen Turkmenen. So einen willst du lieben? Er ist doch nun wirklich nicht liebenswürdig. Das erwartet auch keiner von dir.» Die eben dermaßen an Swerew erinnernde Stimme suchte dringend zu überzeugen. «Aber ich bin doch Christ. Ich soll doch lieben», antwortete Wanjas Verstand. «Ja, schon, aber auch Christus hat sich gewehrt, hast du das vergessen?» Plötzlich stand Wanja die Szene aus der Leidensgeschichte Jesu vor Augen: Jesus vor dem Hohenpriester. Einer der Knechte schlägt ihn. Und dann stellt Jesus diesen zur Rede. «Von wegen die linke Seite zum Schlag freistellen! Jesus hat sich auch gewehrt. Bist du wohl besser als dein Meister?» folgerte die an Swerew erinnernde Stimme.

So wechselten seine Gedanken hin und her. Wanja arbeitete immer schneller, um vielleicht durch die Arbeit die Flut seiner Gedanken zu bremsen. Aber es gelang ihm nicht so ganz. Immer wenn er seinen Kopf hob und Abdulajew sah, überkam ihn eine neue Welle von Ärger und Wut. Rasch entfernte er sich dann räumlich von seinem Kameraden.

Über eine Stunde dauerte der Kampf. Die beiden Soldaten hatten ihren Auftrag fast erledigt. Es blieb nur noch ein kleines Stück direkt hinter der Werkstatt übrig, nicht mehr als zwei Quadratmeter. Wanja arbeitete direkt vor dieser Ecke, während Abdulajew gerade an der anderen Ecke des Hofes seine Sachen zusammenlegte. Er war fertig. Wanja sah zu und ärgerte sich. «Wir haben noch lange nicht alles geschafft, und dieser Schurke packt zusammen. Er glaubt wohl nicht im Ernst, dass ich hier alleine weitermache. Das ist zu viel!»

Plötzlich wurden die zwei Quadratmeter Hof riesengroß. Eine ganze Lawine Ärger und Schmerz rollte über Wanja hinweg.

«He, du, Abdulajew, hier ist noch nicht alles fertig», schrie er.

«Das kleine Stück du doch wohl schaffst alleine», wagte dieser schüchtern einzuwenden.

«Was werde ich? Komm her, du Faulpelz», brüllte Wanja Abdulajew an, ganz in der Weise, wie es Unteroffizier Petuchow getan hätte.

Abdulajew näherte sich langsam dem vor Ärger ganz grimmigen Verweigerer mit unsicheren Schritten. Vor lauter Angst hatte er vergessen, seinen Besen mitzunehmen. Das Werkstattgebäude verdeckte die beiden vor den Blicken anderer. Zu Hilfe konnte ihm hier keiner kommen. Wanja richtete sich ganz auf. Mit einem Ruck warf er den Turkmenen auf den Boden, setzte ihm seine Knie auf die Brust und näherte seine geballten Fäuste drohend dem Gesicht seines Opfers. Sein Arm bewegte sich langsam, fast im Zeitlupentempo, als wollte er genau die rechte Kieferseite treffen, aus der Abdulajew Wanjas ersten Zahn herausschlagen sollte. Doch plötzlich schien eine weit größere Macht Wanja gepackt zu haben. Seine Fäuste öffneten sich. Er packte Abdulajew an den Schultern, konnte aber auch diese nicht mehr zusammendrücken. Tränen rollten Wanjas schmerzverzerrtes Gesicht hinunter.

«Ich, ich würde dich am liebsten blutig zusammenschlagen, Abdulajew», stotterte er verkrampft in dessen vor Angst angeschwollenes Gesicht, «aber ich kann nicht. Jesus erlaubt es mir nicht. Geh!»

Er fing an zu weinen und wurde ganz schwach. Mit einem Ruck befreite sich Abdulajew von dem noch einige Sekunden zuvor so brutal aussehenden Angreifer. Er stand auf und sah mit Erstaunen den schluchzenden Wanja an.

«Du bist verrückt, Richter», sagte er leise, ging zu seinem Besen, nahm ihn und verschwand eilig in Richtung Kaserne. Er verstand die Welt nicht mehr.

Wanja folgte ihm nach einer Weile. Er schluckte ständig seine ihn würgenden Tränen hinunter. Sie drängten sich unaufhaltsam an die Oberfläche, so wie es noch vor wenigen Augenblicken seine wilden Gefühle dem Turkmenen gegenüber getan hatten. Doch das Auftauchen des ersten vorbeigehenden Offiziers brachte ihn zur Besinnung.

«Ist was, Soldat?» fragte dieser ganz beiläufig.

«Nein, nichts», presste Wanja kurz hervor und beeilte sich, den schon aus den Augen verschwundenen Abdulajew einzuholen.

14. Der überwundene Überwinder

Der Tag nahte sich seinem Ende. Müde marschierte die Ausbildungs-Abteilung in Richtung Speisesaal. Vor der Baracke blieben alle stehen und warteten, bis der Unteroffizier dem diensthabenden Offizier Rapport gab. Dann liefen alle schnell in den Speisesaal. Erster zu sein war wichtig. Wer als Erster am Topf war, nahm sich gewöhnlich das meiste, ergatterte zwei oder gar drei Stückchen Zucker für seinen Tee. Niemand dachte an die folgenden Kameraden. Die wenigen Monate Grundausbildung hatten aus den sonst freundlichen Jugendlichen ziemlich selbstsüchtige und nur ans eigene Überleben denkende Sowjetsoldaten gemacht.

«Jeder Soldat muss für seinen Brei bereit sein, in die Hölle zu gehen», spottete Petuchow einmal. Er schien seinem Ziel schon näher gekommen zu sein.

Auch Wanja lief normalerweise so schnell wie möglich zu dem ersehnten Essen. Heute aber hatte er keine Kraft dazu. Die Geschichte mit Raschid an der Werkstatt ließ ihn alles andere als ruhig. Er hatte nachgedacht und verstanden. Ja, er, Wanja Richter, war den Anweisungen seiner Gemeindeprediger gefolgt und hatte den Dienst mit der Waffe verweigert, weil die Schrift es so sagte und die Liebe Jesu es von ihm verlangte. Er hatte es getan und, ehrlich gesagt, er tat es mit einem gewissen Stolz. Endlich ging das in Erfüllung, was er sich im Kreise seiner jungen Freunde schon öfter zurechtgeträumt hatte. Einmal für Christus leiden zu dürfen – das war sein Traum seit seiner Bekehrung gewesen. Wie oft hatte er die aus der Haft entlassenen Brüder und Schwestern im Glauben beneidet. Mit angehaltenem Atem hörte er jeweils ihrem Zeugnis zu. Sie wussten von Gottes Hilfe und Führung und immer auch von geistlichen Siegen zu berichten. Er wollte auch so etwas erleben. Ja, in seinen kühnsten Träumen dachte er daran, für Jesus zu sterben.

Jetzt, hier in der Ausbildungseinheit der Roten Armee, hatte ihn die Wirklichkeit eingeholt. «Nicht einmal den Verlust von ein paar Zähnen konnte ich verkraften», dachte er. «Welch ein lächerlicher Märtyrer.»

Langsam und als Letzter setzte Wanja sich an den Tisch. Der Topf war schon leer. Nur noch ein Stück Brot lag auf dem Teller, etwas Tee war noch in der Kanne. Wanja streckte seine Hand zu dem Brot aus, doch bevor er es in der Hand hatte, schnappte ein anderer es ihm weg. Wanja sah der Hand nach – es war Unteroffizier Petuchow. Auf seinem Teller lag bereits ein Stück. Jetzt hielt er ein zweites in der Hand, biss genüsslich eine Kante davon ab und meinte höhnisch zu Wanja: «Guten Appetit, Genosse Baptist.»

Aber Wanja reagierte nicht. Langsam goss er sich das abgestandene Teewasser ein. Ganz in sich versunken, schien er weder den leeren Topf noch die Schikane des Unteroffiziers zu bemerken. Wie ein Automat bewegte er sich bis zum Abendappell. Etwas schien in ihm zu sterben.

Nachts wurde Wanja wieder von Peredelko geholt. Er hatte schon irgendwie auf ihn gewartet. Willenlos folgte er. Sein blasses Gesicht, die traurigen, erloschenen Augen vermittelten den Eindruck eines Todkranken.

Im Lenin-Zimmer, das den Verfolgern als Folterzimmer gedient hatte, warteten die gleichen Vorgesetzten auf Wanja. Nur Abdulajew fehlte diesmal. Leutnant Swerew blickte sein Opfer höhnisch an. Er bemerkte die Veränderung in Wanja. Aber er schien etwas ganz anderes zu vermuten.

«Na, du sabotierst jetzt. Ein neuer Trick aus der baptistischen Trickkiste. Nicht mit mir, mein Freund Richter. Ich habe ja deine Löwenkraft heute Morgen beobachtet. Was prügelst du Abdulajew, hm? Dieser blöde Turkmene kann ja wenig dafür. Er *muss* dich schlagen. Ich aber *will* dich schlagen. Also bitte: Wenn schon kämpfen, dann gegen mich. Ob ich's mit einem Baptisten-Boxer aufnehmen soll, häh?»

Swerew blickte voll wilder Begeisterung seine Foltergenossen an.

«Na klar, Genosse Leutnant. Sie werden dieses fahle Baptistenpferd doch mit einer Hand zum Herrn Gott schicken», lästerte Peredelko.

«Zum Teufel mit ihm», schrie Petuchow, der wieder einmal angetrunken war.

«Also, Richter, Schluss jetzt mit dem Theater», wurde der Leutnant plötzlich ernst. «Wir haben gesehen, wie du Abdulajew vermöbeln wolltest. Nun kannst du uns nichts mehr vormachen.»

«Ja, ich habe versagt», antwortete Wanja plötzlich mit zitternder Stimme. Tränen würgten ihn. «Als Mensch würde ich am liebsten Sie, Genosse Leutnant, und Ihre Helfershelfer totschlagen. Aber ich bin Christ, und mit Christi Hilfe will ich das auch bleiben. Gott helfe mir.»

Er sagte es ganz schlicht, und diese Worte schienen Leben in seinem Widersacher zu wecken. Kurze, kräftige Schläge folgten. Diesmal schlug Swerew selbst zu. Doch der völlig erschöpfte Körper Wanjas brauchte nicht viel. Bereits der erste Faustschlag mähte ihn vom Hocker. Und er erhob sich nicht mehr.

Am nächsten Tag quälte sich Wanja durch die morgendliche Gymnastik nur mit dem einen Ziel: Er wollte wieder zwei Minuten Toiletten-Pause für sich haben. Dort in der Spalte lag sein Neues Testament. Er schloss die Tür hinter sich. Jemand schrie draußen, er solle sich beeilen. Aber Wanja nahm sein Testament, schlug es auf und suchte die Stelle, die ihn in den letzten Tagen so stark beschäftigt hatte. Es war ein Wort aus dem Markus-Evangelium Kapitel 8, die Verse 34 und 35. Langsam las er: «Wer mir nachfolgen will, der verleugne sich selbst und nehme sein Kreuz auf sich und folge mir nach. Denn wer sein Leben erhalten will, der wird's verlieren; und wer sein Leben verliert um meinetwillen und um des Evangeliums willen, der wird's erhalten.»

Wanja las und verstand, als hätte jemand Schuppen von seinen Augen gerissen. «Das ist es also», dachte er, während er an dem wütenden Soldaten vorbeiging, das Testament offen in der Hand. «Ich dachte, ich lebe für Christus; dabei war all mein Getue nur für mich selbst gedacht. Ich wollte ein guter Jugendleiter sein – ich war es wohl auch –, und man lobte mich dafür. Ich wollte gut predigen, und ich mühte mich ab, und man mochte meine Predigten. Ich wollte für Christus leiden, damit ich auch bei der Gemeinde angesehen wäre wie meine Geschwister, die aus dem Gefängnis zurückkamen. Ich wollte leben, und mein frommes Leben sollte für mich Profit schlagen. Was für ein Narr bin ich doch!»

Mit schnellen Schritten lief er zur Kaserne zurück. Er hatte verstanden. Es musste anders werden. Vor der Kaserne entdeckte er das Neue Testament in seiner Hand, versteckte es schnell und lief nun fast fröhlich an dem ziemlich verdutzten Unteroffizier Peredelko vorbei in die Kaserne.

Nach dem Frühstück und einigen morgendlichen Übungen rief man Wanja zum Kommissar der Kompanie. Der Oberst hatte eine ganze Woche darauf verzichtet, Wanja zu sehen. Jetzt wollte er ihn sprechen. Der Wechsel der Rekruten aus der Ausbildungskompanie in die regulären Einheiten stand bevor.

«Sind Sie krank, Soldat Richter?» fragte er ohne jede Begrüßung.

«Nein, Genosse Oberst, mein Gesicht entspricht ganz Ihren Behandlungsmethoden», antwortete Wanja.

Seine Angst war verschwunden. Wie am Tag seiner Verweigerung fühlte er seine innere Überlegenheit gegenüber diesem Vertreter des so gefürchteten Sicherheitsdienstes. Fast schockiert von dieser Antwort, versuchte der Kommissar abzulenken und fragte Wanja, ob er denn Briefe von zu Hause bekomme.

«Selten, Genosse Oberst», antwortete dieser, «aber Sie wissen es ja besser, nicht wahr?»

Wanja sah den durch solche Direktheit ganz verdutzten Oberst an, und als wäre es die selbstverständlichste Sache der Welt, fügte er hinzu: «Aber Sie müssen das ja auch tun. Wer weiß, wie Sie als Mensch handeln würden, Genosse Oberst.»

Der Kommissar schwieg. Dieser junge Mann warf für ihn zu viele Rätsel auf. Wieder überkam ihn womöglich eine Welle der Bewunderung. Er drehte sich zum Fenster und schwieg ein Weilchen. Draußen breitete sich der helle Tag aus. Es war ein warmer Augustmorgen. Der wolkenlose blaue Himmel verhieß einen heißen Tag, und durch das offene Fenster duftete es nach dem so einzigartigen Wolgasommer.

«Gehen Sie, Richter. Sie brauchen Zeit, um nachzudenken. Ich gebe Ihnen zwei Stunden frei. Denken Sie nach. Die Welt ist zu schön, um sie so jung zu verlassen. Ich gebe Ihnen noch eine Chance.»

«Jawohl, Genosse Oberst», antwortete Wanja und verließ sicheren Schrittes das Büro des Kommissars.

Er ging zurück zur Kaserne. Kurz davor traf er auf Peredelko. Dieser lächelte ihn freundlich an und sagte dann streng: «Du hast frei, Richter, bis 12 Uhr. Nimm dir ein Buch und verschwinde irgendwohin, damit du niemandem unangenehm auffällst.»

«Jawohl, Genosse Unteroffizier», bekam er gehorsam zur Antwort.

Wanja ging nach kurzem Überlegen auf das Gefängnishäuschen zu. Dort, hinter der langen Speisebaracke und vor dem hohen Geländezaun, hatte der Verwalter Weinreben angepflanzt. Längst waren diese überwuchert von allerlei Unkraut und Steppengras, das dank der guten Bewässerung meterhoch gewachsen war. Hier konnte sich Wanja gut verstecken. Altgediente Soldaten hatten die Rekruten vor Schlangen gewarnt, die wohl einen unaufmerksamen Liebhaber gebissen hatten, der seine Freundin aufs Gelände mitgebracht und sich dann mit ihr in diesem Gras amüsiert hatte.

Doch Wanja dachte nicht an Schlangen, als er durch das Dickicht stapfte. Eine seltsame Unruhe überkam ihn. «Ich muss wie Paulus sterben, um mit Paulus sagen zu können: ‹Nun lebe nicht mehr ich, sondern Christus lebt in mir›», dachte er, während er eine Stelle im höchsten Gras aussuchte. Er ließ sich nieder, holte sein Neues Testament heraus und las die Leidensgeschichte Jesu.

Plötzlich stand ihm sein Lieblingsgemälde in der Leningrader Eremitage deutlich vor Augen. Es war ein kleines Bild eines unbekannten italienischen Malers aus dem 18. Jahrhundert. Der Maler stellte nur den mit einer Dornenkrone geschmückten Kopf Jesu dar. Dieser traurig-liebende Blick drückte einerseits unmenschliches Leiden aus, andererseits – so kam es Wanja immer vor, wenn er das Bild ansah – schien der

Maler Jesus die Worte in den Mund gelegt zu haben: «Ich habe für dich gelitten. Was tust du nun für mich?»

Diese stumme Frage, die Wanja dem Blick des gemalten Christus ablas, hatte ihn oft beunruhigt. Jetzt stand sie ihm sehr deutlich vor Augen. Wanja schloss seine Lider, kniete im Gras nieder und versuchte zu beten. Doch alles, was ihm einfiel, waren die verängstigten Blicke von Raschid Abdulajew, der Angst vor Wanja hatte. Dann kamen die alten Gedanken. Wieder und wieder hörte er in seinem Körper die nach Rache schreiende Stimme Swerews. Nein, es war *seine* Stimme! Er kannte sie nur zu gut, und doch ähnelte sie der Stimme dieses Henkers.

«Mein Ich», erkannte Wanja. «In mir wohnt nichts Gutes. Ohne Christus bin ich verloren.» Wie in einem Rückblick erlebte er die Geschehnisse der letzten Tage noch einmal. Sie quälten ihn. Er weinte schließlich.

Die Sonne wurde immer heißer. Das Gras schützte nicht vor der Hitze. Ganz im Gegenteil schien es unbequem zu kratzen. Ein Anfall von Übelkeit überkam ihn.

«Vater, muss ich denn wirklich sterben? Ich habe Eltern, eine liebe Freundin ...»

Beim Gedanken an seine zu Hause wartende Freundin Olga wurde ihm weh ums Herz.

«Und da ist auch noch die Gemeinde. Ich habe Gaben von Dir bekommen. Ich kann Dir damit dienen. Muss ich wirklich sterben?»

Niemand antwortete. Wanja wurde angst und bange.

«Vater, hörst du mich nicht? Ich bin Dein Kind, und ich will leben.»

Er öffnete die Augen, wischte sich die Tränen ab, nahm sein Neues Testament zur Hand und schlug es einfach auf.

«Denn wer sein Leben erhalten will, der wird's verlieren; und wer sein Leben verliert um meinetwillen und um des Evangeliums willen, der wird's erhalten», las er an dieser Stelle.

«Oh Vater», schrie Wanja stöhnend auf und biss sich auf die Lippen, um nicht vor Schmerz laut schreien zu müssen. Blut floss das zerschundene Kinn hinunter.

Fast eine Stunde verging. Lautlos lag Wanja so im Gras. Nur zwischendurch hätte man in unregelmäßigen Abständen ein Stöhnen wahrnehmen können, das bei näherem Zuhören einen immer wiederkehrenden Satz verriet. Wanja stöhnte in einer unbegreiflichen inneren Agonie den Satz aus sich heraus: «Ja, Vater, ich will – hilf mir!»

Die Zeit verging. Er wurde ganz still. Schließlich rührte er sich, hob seinen Blick und sah direkt über sich eine Weintraube hängen. «Wie das», dachte er, «mitten in all diesem Unkraut eine fruchtbare Rebe?»

Und dann hörte er jemanden tief in seinem Inneren sagen: «Wer in mir bleibt, der bringt viel Frucht.» Und in diesem Moment überkam ihn eine solche geballte Energie, dass er auch den Rest seiner Kraft zu verlieren schien. Dabei strömte Liebe in sein Herz. Gott war ihm nahe wie nie zuvor. Ihm kam es so vor, als würde er in den Händen Gottes liegen.

Wanja erhob sich nun auf seine Knie und betete aus einem befreiten Herzen: «Vater, ich habe Dir mein Leben gegeben. Heute hast Du es hingenommen. Ich bin bereit, für Dich zu sterben, egal was kommen mag. Lass mich Dir nur treu bleiben. In Dir will ich jetzt leben.»

Wieder rollten die Tränen, doch jetzt waren es Tränen der Freude. Gott hatte ihm den Sieg geschenkt. Ein neues Leben unter der Herrschaft von Jesus Christus begann. Langsam ging Wanja zurück zu seiner Abteilung. Auf dem Weg in die Kaserne fiel ihm plötzlich ein, dass es Gründonnerstag war und er in der Leidenswoche Jesu all diese Schikanen erlebt hatte.

In der darauf folgenden Karfreitagnacht wurde Wanja wieder ins Lenin-Zimmer geholt. Seine Peiniger hatten sich wieder zusammengefunden. Sie waren offensichtlich am Feiern. Auf dem Tisch standen Flaschen mit Wein und einiges zum Essen. Wie immer führte Swerew das Wort.

«Heute ist Karfreitag, Soldat», sagte er. «Gemäß deinem *****-Glauben hat man Jesus vor zweittausend Jahren ans Kreuz genagelt. Und heute werden wir dich deinem Meister hinterherschicken. Aber denk bloß nicht, dass das alles schnell und schmerzlos gehen wird. Wir wollen es genießen, dich sterben zu sehen.»

Ein höllisches Gelächter breitete sich im Raum aus. Der Leutnant kam auf Wanja zu und setzte seine dicke Faust an, um ihn zu schlagen. Doch dicht an Wanjas Gesicht blieb diese wie angefroren stehen. Swerews Augen funkelten. Fest auf sein Opfer fixiert, schrie er auf einmal mit übernatürlicher Stimme: «Warum hast du mich lieb?»

Wanja hatte bis jetzt geschwiegen. Er wusste nicht, woraus Swerew seine Liebe herausgespürt hatte. Nur eines wusste er: In seinem Herzen war keine Wut, kein Ärger und auch keine Angst. Er hatte Mitleid, tiefes Mitleid mit dem Offizier und den anderen im Raum. Und er war bereit zu sterben.

«Raus hier, du *****», schrie Swerew Wanja wieder an. Er tobte. Doch eine unsichtbare Kraft hielt ihn davon ab, sein Opfer auch nur mit einem Finger zu berühren.

Wanja gehorchte und ging.

Damit waren die Nachtpeinigungen zu Ende. Wanja konnte in der besagten Karfreitagnacht nicht einschlafen. Überwältigt von der Macht der Liebe Gottes dankte er seinem Herrn dafür, dass er ihn so etwas erleben ließ. Nein, das Ende der nächtlichen Schläge setzte noch kein Ende unter seine Leiden. Vielmehr war es erst der Anfang. Aber er war jetzt gerüstet. Gerüstet mit der Kraft der Liebe Gottes.

15. Ein ungewöhnlicher Schutzengel

Am nächsten Morgen ließ man die dritte Abteilung und damit auch Wanja in Ruhe. Er ging zurück zu seinem Versteck, um Gott zu danken, und verblieb dort eine Weile. Auf dem Weg zur Kaserne begegnete er Unteroffizier Peredelko.

«Wo bist du bloß geblieben, Richter? Ich suche dich schon eine halbe Stunde. Um halb zwölf hat der Kommissar die ganze Einheit zum Appell verordnet. Ich hatte schon Angst, du habest dich aufgehängt. Mensch, wie siehst du aus. Und das Blut! Sag mal, mit wem prügelst du dich während des Tages herum? Genügt dir die Nacht nicht?»

Peredelko begann zu spotten. Doch Wanja schwieg.

«Geh und wasch dich, Richter, sonst denkt der Kommissar noch, wir foltern dich hier.»

Wanja gehorchte diesem Befehl gern. Fünf Minuten später stand er frisch gewaschen da zum Appell.

Der Kommandeur hielt eine lange Rede.

«Unsere Einheit ist speziell dazu ausgesucht worden, um eventuell bei der Verteidigung des Landes gegen die imperialistischen Chinesen an vorderster Front zu stehen. Das ist eine Ehre», unterstrich er. «Wir müssen allerdings den inneren Feind in den Griff kriegen. Faulenzer, Saboteure und ähnliches Gesindel sind nicht würdig, ihre Heimat zu verteidigen. Ich will euch heute mal zwei Exemplare solcher Leute vorführen. Der Erste ist ein ausgekochter Saboteur. Baptist», schrie er, «drei Schritte vor!»

Wanja, den das Ganze unvorbereitet erwischte, stand zunächst unbeweglich da in der stillen Hoffnung, unter den 1500 Soldaten wäre ein zweiter mit demselben Glauben. Doch niemand bewegte sich. So trat er nach vorne. Sein Gesicht war rot angelaufen. Aber seine Augen leuchteten. Die Furcht war verschwunden. So vor der ganzen Einheit stehend, musste er sich anhören, wie der Kommissar den Baptismus in den großen Strom des feindlichen Imperialismus einordnete.

Dann rief er den Zweiten vor. Ein breitschultriger, hochgewachsener Mann trat aus der Reihe.

«Gefreiter Sergejew. Ich höre, Genosse Oberst», brüllte er, was das Zeug hielt. Ihm machte es offensichtlich Spaß, herausgerufen zu werden.

«Hüten Sie sich davor, so zu werden wie dieser hier», riet der Kommissar den Soldaten nur und ging nun zu anderen Themen über. Die Rekruten sollten zu guten Soldaten gemacht werden.

Bis zum Ende des Appells, der noch eine gute halbe Stunde dauerte, standen die beiden Soldaten vor der Einheit. Wanja bemerkte, dass Sergejew ihn beobachtete. Als dann nach der Mittagspause die Rekruten in die Baracken gingen, die ihnen ab jetzt zugewiesen wurden, begegnete er Sergejew auf dem Kasernenhof.

«Ach du, Baptist. Ich habe schon von dir gehört. Petuchow hat's mir erzählt. Sie haben dich ganz schön rangenommen. Aber keine Angst, mit diesem Theater ist es jetzt zu Ende. Ich heiße Wladimir», sagte er und streckte Wanja die Hand hin. «Wer dich von nun an berührt, bekommt es mit mir zu tun. Wir sind ab heute Kumpels, okay?»

«Gut», antwortete Wanja, ohne wirklich zu verstehen, wie ihm geschah.

In diesem Augenblick ging Peredelko an ihnen vorbei. Sergejew schnappte ihn sich, drehte Peredelkos Gesicht zu sich um und sagte ohne viele Worte: «Wenn du den Richter noch mal berührst, mache ich Hackfleisch aus dir. Ist das klar?»

«Ich bin für euch jetzt gar nicht mehr verantwortlich», fing Peredelko an, sich stotternd herauszureden.

«Ich weiß, du Feigling, Swerew ist der Anführer, und mit ihm werde ich auch noch reden. Du aber merke dir eins: Für jede unangenehme Sache, die Richter zustößt und die du direkt oder indirekt verursachst, reiße ich dir ein Glied aus. Verstanden?!»

«Ja, Wolodja, ist klar.»

Darauf ließ Sergejew Peredelko los, und dieser beeilte sich, mit gesenktem Kopf an Wanja vorbeizukommen. Auch Wanja setzte seinen Weg in die neue Kaserne fort, wo der diensthabende Feldwebel Smirnow ihm sein Bett zeigte.

«Hallo, Richter», tönte plötzlich hinter ihm eine unbekannte Stimme.

Wanja drehte sich um und sah einen kleinen, aber muskulösen rothaarigen Mann auf sich zukommen.

«Otto Maier», stellte der sich vor. «Ich bin Deutscher», fuhr er fort, «und da du auch ein Deutscher bist, will ich dir helfen. Ich bin hier das letzte Halbjahr», sagte er fröhlich. «Und übrigens, dass du Baptist bist, stört mich nicht. Und merke dir ... die wenigsten Soldaten stört das.»

Eine lebendige Kontaktnahme begann. Wanja gewann zu diesem lebenslustigen Menschen gleich Vertrauen. Nachdem sie sich eine Weile unterhalten hatten, fragte er Otto: «Sag mal, Otto, wer ist eigentlich dieser Sergejew?»

«Ach der, dein ‹politischer Kampfgenosse›? Ein guter Mann. Sein Vater ist ein hoher KGB-Beamter, man sagt sogar, ein General. Er aber hält von dem ganzen System nichts. Deshalb hat ihn sein Vater in die reguläre Armee gesteckt. Er wollte ihn hier ‹zur Vernunft bringen›. Hier haben aber alle Angst vor seinem Vater. So bestrafen sie ihn meist nur mild, und er treibt, was er will. Den solltest du dir echt zum Freund gewinnen.»

«Ich verstehe», sagte Wanja irgendwie zweideutig, «mein Schutzengel also.»

«Was hast du gesagt?» verstand Otto nicht.

«Ach, nur so, etwas nur für mich.»

An diesem Abend schlief Wanja ruhig ein. Er war wieder ins Reine gekommen mit seinem Gott, und Gott hatte ihm einen Schutzengel geschickt. Einen Engel, wie man sich Engel sonst zwar nicht vorstellt. Aber er war erfolgreich. Niemand störte Wanja mehr in der Nacht.

16. Vom Regen in die Traufe?

«Hallo, wie geht es dem ausgebildeten Sowjetsoldaten?»

Wanja drehte sich auf die freundliche Stimme hin um und erspähte Otto, den er erst gestern kennen gelernt hatte.

«Hallo, du. Schön, dass du vorbeikommst», antwortete Wanja.

Gleich nach ihrem ersten Austausch hatte er Vertrauen zu diesem Deutschen gefasst. Ottos Gegenwart schien ihm Sicherheit zu geben. Wanja war gerade fertig, seine wenigen Habseligkeiten zu packen. Die Rekruten würden heute ihre Ausbildungsabteilung verlassen und in die regulären Bataillone kommen. Dort würde alles einfacher werden, sagte man.

«Wanja, ich weiß alles über dich, mein Freund. Auch dass du den Dienst mit der Waffe verweigert hast. Das wird dein Leben in der Armee leider verdammt schwer machen», sagte Otto plötzlich.

Er sprach leise, so dass Wanja sich ziemlich anstrengen musste, um ihn überhaupt zu verstehen.

«Ich bin kein Christ, und ich verstehe von deinem Entschluss nicht das Geringste. An deiner Stelle hätte ich jedenfalls auf diese Verweigerung gespuckt. Aber ich bin Deutscher, und auch du bist ein Deutscher. Deshalb halte ich es für meine Pflicht, dir zu helfen.»

Er schwieg einen Augenblick und fuhr dann fort: «Ich habe gehört, man hat dich für die zweite Abteilung bestellt. Das ist die so genannte ‹Chemie›, die für die Abwehr von Anschlägen mit chemischen Waffen zuständige Einheit. Und man hat, ehrlich gesagt, ein leichtes Spiel, jemanden da auf direktem Weg in die Ewigkeit zu schicken.»

Wanja schwieg dazu. Er hatte schon gehört, dass man

ihn in die zweite Kompanie abgeschoben hatte. Swerew lästerte ja, man werde dort das baptistische Unkraut auf jeden Fall auszurotten wissen. Dann, nach einer längeren Pause, sah Wanja Otto direkt in die Augen und sagte leise und bestimmt: «Ich weiß das. Gott wird mir schon beistehen.» Er hatte sich seinem Schicksal gefügt, was auf Otto wie Resignation wirkte.

«Eh, du brauchst deswegen nicht gleich zusammenzuknicken, Alter», versuchte er Wanja zu trösten. «Wir schaukeln das schon. Zwei Deutsche werden doch wohl einen Ausweg aus der russischen Klemme finden, oder?» meinte er und strahlte dabei eine solche Zuversicht aus, dass Wanja sich davon unwillkürlich anstecken ließ.

«Was können wir denn dagegen machen?» fragte er neugierig.

«Wir werden dich in die Arbeitsabteilung bringen. Da musst du zwar schuften wie ein Esel, aber dafür kann man dort viel leichter untertauchen», stellte Otto fest.

«Und wie soll ich einen solchen Wechsel bewerkstelligen, bitteschön?» fragte Wanja etwas höhnisch.

«Das lassen Sie mal meine Sorge sein, mein Herr», antwortete Otto, klopfte ihm auf die Schulter und verließ pfeifend die Kaserne.

Am Nachmittag folgte die Einweisung in die neuen Züge und Abteilungen. Kaum in der Kaserne des zweiten Bataillons angekommen, bemerkte Wanja auch schon den harten Gegenwind. Major Iwanow, der Bataillonskommandeur, ein hochgewachsener Hüne mit einem markanten fleischigen Gesicht und einer überdurchschnittlich platten Nase, bemängelte gleich beim ersten Zusammentreffen Wanjas eigentlich tadellose Uniform. Am Abend bestrafte er Wanja mit Nacht-Küchendienst «für zu viel frommes Grinsen», wie er sagte.

«Na, der hat es wohl auf mich abgesehen», dachte Wanja und trottete zur Küchenbaracke.

Am nächsten Morgen wurde Wanja zum Politkommissar des Bataillons, Leutnant Dobroljubow, bestellt. Wanja kannte diesen immer sehr ordentlich erscheinenden Offizier nur von einer Begegnung. Dobroljubow war es gewesen, der versucht hatte, Wanja zu überreden, nicht aktiv zu verweigern.

«Du kannst doch auch einfach für dich glauben, ohne den Glauben gleich an die große Glocke zu hängen. Es gibt doch so viele Möglichkeiten, deine Überzeugungen mitzuteilen, auch ohne dass sie in der Öffentlichkeit breitgetreten werden. Und außerdem: Sind es nicht die Mennoniten gewesen, die immer wieder von sich behauptet haben, die ‹Stillen im Lande› zu sein? Wozu denn jetzt der ganze Aufruhr?» argumentierte er damals.

Als Wanja damals sein Angebot ausschlug, sah Dobroljubow ihn fast verehrend an und entließ ihn mit dem bemerkenswerten Satz: «Möge dein Gott dir beistehen.» Und Wanja hatte diese Begegnung, die sich von allen anderen Begegnungen mit Politoffizieren abhob, nicht vergessen.

Auf dem Weg in das Büro Dobroljubows stieß er auf Otto.

«Gehst du zum Leutnant?» fragte der.

«Ja, und ich hoffe, es ist nicht irgendein neuer Trick», antwortete Wanja.

«Keine Sorge, diesmal ist kein Trick dabei», beruhigte ihn Otto etwas geheimnisvoll. «Der Leutnant wird dich bestrafen und in die Arbeitsabteilung versetzen. Die brauchen da dringend einen Schweißer. Ich habe Dobroljubow erzählt, du wärst ein ausgezeichneter Schweißer», meinte Otto und lachte strahlend los.

«Was bin ich?» verstand Wanja nicht.

«Du bist ein klasse Schweißer», wiederholte dieser immer noch lachend.

«Komm, Otto, was soll denn der Blödsinn! Ich habe zwar etwas übers Schweißen gelernt. Ich habe auch mal einen Schweißapparat in der Hand gehalten. Aber ein Schweißer bin ich deshalb noch lange nicht. Und erst recht kein Klasse-Schweißer.»

«Du kannst das, mein Freund», wiederholte Otto ernst. «Du musst es können. Ein Deutscher kann alles. Sollte er also nicht so was Kinderleichtes lernen wie das Schweißen? Du kannst es einfach, verstanden! Das ist deine einzige Rettung. Du musst für sie unabkömmlich werden. Nur so kannst du diese Hölle hier überleben.»

Otto sprach schnell. Seine Worte klangen abgehackt und wirkten wie Befehle. Er unterbrach sich für einen Augenblick, sah Wanja ernst an und fuhr dann überzeugt fort: «Du sagst Dobroljubow, dass du im Technikum Schweißen gelernt hast und dass du darin gut bist. Verstanden? Alles andere überlass nur mir.» Otto klopfte Wanja freundlich auf die Schulter und verabschiedete sich dann mit den deutschen Worten: «Wir schaffen es schon, Alter. Lass bloß die Nase nicht hängen.»

«Was für ein überzeugter Nationalist», dachte Wanja noch, während er die Treppe in die dritte Etage hochstiefelte.

Dobroljubow stand mit dem Rücken zur Eingangstür und rauchte, als er das Zimmer betrat. Wanja machte Meldung, aber der Offizier schien nicht auf ihn zu reagieren. Nach einer Weile meldete sich Wanja ein zweites Mal. Aber auch diesmal kam keine Reaktion vom Fenster her. Wanja stand einige Minuten im Raum, unsicher, wie er sich nun verhalten sollte. Das Gehabe erinnerte ihn stark an das von Kommissar Oberst Karjerow. «Ob sie wohl trainiert werden, die Leute so unfreundlich zu empfangen?» fragte sich Wanja im Stillen.

Plötzlich drehte sich Dobroljubow um, lächelte Wanja an und sagte dann ausgesprochen freundlich: «Ich bewundere Sie, Richter. Sie sind der erste Mensch, dem ich begegne, der für seine Überzeugung alles riskiert. Wissen Sie auch, dass die Strapazen erst angefangen haben? Nein, nein, so leicht kommen Andersdenkende bei uns nicht weg.» Er versuchte zu lachen. Aber das gequälte Gelächter erstickte schnell.

«Der ist mit seinem Job auch nicht unbedingt glücklich», analysierte Wanja das Verhalten des Offiziers in Gedanken.

«Sie bleiben fest bei Ihrer Entscheidung, Genosse Richter?» fragte ihn Dobroljubow.

«Jawohl, Genosse Leutnant», antwortete Wanja und musste lächeln wegen der für ihn komischen Begrüßung.

«Dann wird es mit den gewissen Strapazen kein Ende geben», antwortete der Offizier und fügte dann hinzu: «Schade. Ich dachte, Sie wären zur Vernunft gekommen. Aber die scheint Fanatikern sowieso meist zu fehlen, oder?»

«Sie haben doch noch eben die Konsequenz meines Handelns bewundert. Irgendwie passen Ihre Worte schlecht zueinander», entgegnete Wanja schlagfertig.

Dobroljubow hatte gar keinen Kommentar von Wanja erwartet. Er schien dadurch ein wenig in Verlegenheit geraten zu sein und schwieg.

«Hören Sie mal, Richter», fuhr er nach einer Weile fort. «Man bereitet gegen Sie den Prozess vor. Das verspricht nichts, aber auch gar nichts Gutes. Ich kenne diese Experten – das sind Schlächter. Sie wandern für

Jahre ins Kittchen, Richter. Verstehen Sie Ihre Situation denn jetzt?»

Wanja schwieg.

«Ich möchte Sie gerne bei dieser Einheit behalten», sagte Dobroljubow nun. «Hier sind Sie am sichersten. Wir haben hier eine Arbeitseinheit, eine Art Reparaturabteilung. Da muss man hart arbeiten. Kannst du denn arbeiten?»

Der Leutnant sprach plötzlich leiser und persönlicher. Er änderte auch die Anrede auf du.

«Genosse Leutnant, ich kann und ich will arbeiten. Niemals und nirgends habe ich behauptet, nicht arbeiten zu wollen», fiel Wanja ihm beinahe ins Wort. «Ich bin bereit, für meine Heimat alles zu tun, außer sie mit der Waffe in der Hand zu verteidigen.»

Das klang irgendwie feierlich, und so entgegnete Dobroljubow ihm im gleichen Ton: «Ich weiß ja, Richter, dass Sie alles geben würden, ich weiß.»

Wieder schwieg er einige Augenblicke, stand dann von seinem Stuhl auf, auf den er sich bei seiner letzten Frage gesetzt hatte, kam auf Wanja zu und fragte ihn, sein Gesicht neugierig studierend: «Können Sie schweißen, Richter?»

Wanja hatte das Gefühl, jemand würde ihn würgen. Was sollte er antworten? Ehe er sich auch nur einen Satz zurechtgelegt hatte, kam auch schon die Antwort: «Ich war der Klassenbeste im Fach ‹Schweißtechnik›. Ob ich Ihren Ansprüchen genüge, müssen Sie selbst beurteilen, Genosse Leutnant.»

«Gute Antwort, und wie immer bescheiden. Ach, ihr Christen, wer hat bloß all diesen Charme in euch gelegt?»

Dobroljubow wirkte auf einmal völlig entspannt.

«Na gut, morgen Früh kommst du in die Werkstatt

und legst uns eine Schweißnaht. Und falls sie so gut ist, wie dein Freund Otto sagt, dann sind deine Chancen, unsere ruhmreiche Armee lebendig zu verlassen, um hundert Prozent gestiegen.»

Wieder versuchte er zu lachen. Es war ein stockendes und gequältes Lachen. Wanja wurde bei diesen Worten heiß. Würde er die Prüfung bestehen? Hatte er nicht gerade eben Tatsachen vorgetäuscht? Sollte er sich überhaupt auf die Sache einlassen? Was würde passieren, wenn man herausfände, dass er in Wirklichkeit gar nicht schweißen konnte? Fragen stürmten auf ihn ein. Er senkte seinen Blick, um nicht zu verraten, was ihn beschäftigte. Dobroljubow starrte ihn an. Er versuchte immer noch zu lächeln.

«Sie können gehen, Richter», hörte Wanja ihn wie aus weiter Ferne sagen.

Er erhob seinen Blick und sah dem Offizier ins Gesicht.

«Geh, Richter. Bis morgen Früh. Und versuche nicht, uns zu betrügen. Wir finden hier alles, aber auch alles heraus. Verstanden?»

Dobroljubows Stimme klang nun vollends sarkastisch. Der Leutnant drehte sich weg von ihm, steckte sich eine Zigarette in den Mund und begab sich zum Fenster, wo er sich auch befunden hatte, als Wanja den Raum betrat.

Wanja verließ das Büro Dobroljubows voller Unruhe und leiser Furcht. Seit Tagen bewegte er sich in einem Zustand von innerer Ausgeglichenheit und Frieden. Die Tatsache, dass er den Hass gegenüber seinen Peinigern überwunden hatte, erfüllte ihn mit Freude und Gelassenheit. Er dachte, dass ihn jetzt nichts mehr aus diesem Zustand herausholen konnte. Und nun diese neue Situation. Wieder einmal ging es um seine persönliche

Sicherheit. In den vergangenen Monaten hatte er gelernt, sich weniger darum zu kümmern. Gott selbst lenkte die Dinge zum Besten. Nie zuvor in seinem Leben hatte er die Wahrheit des Wortes im Römerbrief vom Apostel Paulus: Denen, die Gott lieben, werden alle Dinge zum Besten dienen (Kapitel 8, Vers 28), so existenziell erlebt wie in den vergangenen Monaten.

Jetzt sollte er wieder persönlich entscheiden, die eigene Sicherheit in die eigenen Hände nehmen. Er spürte seine Abneigung dagegen. Doch irgendetwas in ihm sagte ihm, dass Gott sicherlich daran interessiert sei, dass er, Wanja, wachsen solle, und ein erwachsener Mann könne ja auch selbst richtig entscheiden, ohne jedes Mal andere zu konsultieren. Auch Gott sei an solchen «erwachsenen Kindern» interessiert. Aber alle inneren Argumente vermochten seine Angst nicht wegzudiskutieren. Er fühlte sich der ganzen Situation nicht gewachsen.

Tief in Gedanken versunken, ging er zurück in die Kaserne. Er war noch einige Meter vom Eingang entfernt, als er die verärgerte Stimme von Major Iwanow hörte: «Sieh mal einer an. Alle Soldaten sind seit Stunden bei der Übung, und unser Verweigerer spaziert durch die Gegend. Ein Leben wie am Busen des Kaisers», spottete er. Wanja hörte seine Stimme und setzte seinen Gang aufrecht und schneller fort.

«Soldat Richter, wo vertreiben Sie eigentlich Ihre Zeit, möchte ich wissen», brüllte er Wanja an, als dieser sich der Tür näherte. «Antworten Sie mir sofort, und zwar ohne jede Widerrede.»

«Mit Verlaub, Genosse Major. Ich wurde von Leutnant Dobroljubow in die politische Abteilung zum Gespräch bestellt», antwortete Wanja.

Die verärgerte Stimme des Majors hatte ihn zurück in die Realität geholt.

«Zum Gespräch, sagen Sie, soso. In die politische Abteilung also. Sie scheinen ja ein ganz begehrter politischer Gesprächspartner zu sein. Antworten Sie!» schrie er.

Doch ehe Wanja auch nur ein Wort sagen konnte, brüllte er weiter: «In meinem Bataillon geht es nicht um politisches Gelaber, sondern um Kriegsführung. Verstanden?»

Er unterstrich besonders das Wort Kriegsführung.

«Und Sie, mein Lieber, sind hierher beordert worden, nicht um Frauenklatsch zu praktizieren, sondern um zu üben. Krieg zu üben. Feinde töten zu üben. Die Sentimentalität können Sie dabei getrost bei Großmama zu Hause vergessen. Ist das klar? He, ich frage Sie, ob Sie verstanden haben?»

Er war richtig wütend.

«Jawohl, Genosse Major, ich habe Sie gut verstanden», antwortete Wanja, ganz ohne jede Angst in der Stimme.

Irgendwie vermochte ihn das fleischige, plattnasige, rot angelaufene Gesicht Iwanows nicht zu erschrecken. Er roch nach Alkohol. Der Major schien Wanjas Haltung zu spüren. Diese Furchtlosigkeit brachte ihn endgültig zum Rasen.

«Nichts, aber auch gar nichts hast du verstanden, du ungeschorener Fritze[14]!»

Er brachte sein rot angelaufenes Gesicht so dicht an Wanja heran, dass es diesem von dem abartigen Gestank übel wurde, der aus dem Mund des Offiziers he-

[14] Häufig gebrauchter Spitzname für Deutsche.

rausströmte; einem Gemisch aus schlechtem Tabak, Wodka und ungeputzten Zähnen.

«Aber du wirst mich schon noch verstehen. Ich verspreche es dir, bei mir haben schon andere das Verstehen gelernt. Wer nicht verstehen will, wird verdammt schnell verrecken. Ich bin der beste Pädagoge der Sowjetarmee», zischte Iwanow Wanja entgegen und begann dabei schallend zu lachen.

«Jawohl, Genosse Major, ich habe verstanden. Sie sind der beste Pädagoge der Sowjetarmee, und Sie werden mir gute Manieren beibringen», antwortete Wanja laut und entschlossen, wobei er einen Schritt zurückwich, um aus der gefährlichen Nähe des Majors zu entkommen.

«Schon besser, du Schlangengebrüt. Wenn du mich immer so verstehst, dann gibt es bald auch keine Strafen mehr. Und jetzt marsch zur Truppe! Und üben, Fritze, üben.»

«Dieses Mal bin ich sogar ohne Strafe davongekommen», freute sich Wanja auf dem Weg zur Abteilung. Doch dort erwartete ihn die nächste Überraschung. Der diensthabende Leutnant schien nichts von den Gesprächen in der politischen Abteilung zu wissen und bestrafte Wanja prompt damit, in derselben Nacht Küchendienst zu machen.

So endete auch dieser Tag mit einer langen Nacht in der Küche. Es war die zweite Nacht vor dem riesigen Pott voller Kartoffeln. Über tausend Soldaten der Kompanie würden morgen ihren üblichen Kartoffelbrei bekommen. Und er, Wanja, sollte alleine diese ganze Masse schälen. Müde ging er an die Arbeit. Gegen Morgen kehrte er zurück in die Kaserne. Ihm blieb nur noch eine Stunde Schlaf.

17. Der Test

Beim Morgenappell nahm der diensthabende Unteroffizier, der immer eifrige Peredelko, Wanja anschließend zur Seite und teilte ihm mit, er solle sich sofort bei Leutnant Dobroljubow melden.

«Ich werde Sie dabei begleiten», sagte der Unteroffizier.

Wanja stand neben Major Iwanow, der diesen Befehl also mithörte. Entgegen der Gepflogenheit drehte er sich zum Major um und fragte ihn, ob er denn gehen dürfe. Iwanow fühlte sich durch die im Grunde überflüssige Geste von Wanja sichtlich geehrt und antwortete: «Gehen Sie, Richter, aber reißen Sie sich zusammen und schwätzen Sie nicht wieder einen halben Tag. Heute werden wir damit beginnen, die Gasmasken gebrauchen zu lernen. Wir sind ja hier in der chemischen Abteilung. Jeder Soldat muss die Gase unterscheiden lernen.» Dabei lächelte er etwas zweideutig, wie es Wanja schien. «Da beginnt der Ernst des Lebens. Und Sie werden immer weniger Zeit finden, ihre politischen Schwätzchen abzuhalten. Peredelko», befahl er dem Unteroffizier, «bringen Sie Soldat Richter zum Kommissar.»

«Gehorche», antwortete dieser und verschwand mit Wanja hinter der Kasernentür.

«Der Leutnant wartet auf dich in der Werkstatt», sagte Peredelko zu Wanja, nachdem sie die Kaserne verlassen hatten. «Er will wohl deine Fähigkeiten als Schweißer testen. Otto Maier – du kennst ihn doch – sagte mir, dass du ein hervorragender Schweißer bist.»

Die Redseligkeit des Unteroffiziers und seine betonte Freundlichkeit taten Wanja ausnahmsweise gut. Seine innere Spannung legte sich ein wenig. Er kannte den Ukrainer kaum. Otto hatte nur erwähnt, dass Peredelko, wie ein echter Chochol[15], eine Schestjorka[16] sei, und man sollte sich hüten, mit ihm nähere Beziehungen einzugehen. Er sagte Wanja auch, dass Peredelko nach der Ausbildungsabteilung nun die Aufgabe bekommen habe, in der Werkstatt die Aufsicht zu führen. Trotz dieser Information fand Wanja es erfrischend, sich plaudernd mit ihm zu unterhalten.

In der Werkstatt erwarteten ihn Leutnant Dobroljubow, Otto und ein Wanja unbekannter Gefreiter, der sich bald als der Schweißer der Kompanie entpuppte.

«So, Genosse Richter, jetzt zeigen Sie uns mal, wie gut Sie schweißen können. Der Gefreite Iljin wird Ihnen die Aufgabe zeigen, um die es geht. Sie sollen eine vertikale und eine horizontale Naht legen», befahl der Leutnant. «Iljin, Sie bringen die Testresultate zu mir, und Sie, Peredelko, führen den Soldaten Richter sofort nach dem Schweißen zurück in die Abteilung. Major Iwanow mag es bekanntlich nicht, wenn man seine Untergebenen zu lange beschäftigt.»

Während Alexander Iljin den Prüfling Wanja in seine Aufgabe einführte, trat Otto mit einem Anliegen an den Leutnant heran. Wenige Augenblicke später verschwanden die beiden in einem der Nebenräume. Peredelko schloss sich ihnen an. Wanja blieb alleine mit Iljin im Raum. Der Schweißer erklärte ihm, was man von ihm erwartete. Es war eine schwierige Aufgabe.

---

15 Allgemeiner Spitzname für Ukrainer. In der Geschichte der ukrainischen Unabhängigkeitsbewegung rasierten sich die Freiheitskämpfer den Kopf. Sie ließen dabei nur ein Büschel Haare auf dem Hinterkopf stehen, der Chochol genannt wurde, was Federbusch oder Haarschopf bedeutet.

16 Die Ziffer Sechs. Es ist die typische Bezeichnung für einen Informanten der Geheimpolizei, des KGB.

«Nie im Leben schaffst du das», dachte Wanja bei sich und fing intensiv an zu beten. «Vater im Himmel», betete er, «ich habe mir diese Situation nicht ausgesucht. Aber wenn Du mich von der ‹Chemie› befreien willst, dann führe Du jetzt bitte meine Hand.» Plötzlich wurde er ganz ruhig. Iljin streckte ihm nur eine Elektrode entgegen. Wanja dachte nicht einmal darüber nach, ob die Elektrode auch passen würde, obwohl ja die Stärke und Art einer Elektrode das Ergebnis wesentlich bestimmt. Ohne große Überlegungen begann er konzentriert zu schweißen. Bald waren alle Testnähte gelegt. Die Metallstücke fielen nicht auseinander, auch die Nähte sahen ganz gut aus. Iljin schien zufrieden zu sein.

«Da brauchen wir ja gar nicht zu mogeln», meinte er fröhlich. «Wir haben bereits Teststücke vorbereitet, falls du diese Prüfung vollkommen vermasselt hättest.»

Währenddessen kam Peredelko aus dem Nebenraum. Iljin wurde sofort still und räumte ein Werkzeug beiseite.

«So, Richter, das war deine Chance. Einen zweiten Anlauf wird es aber nicht geben», sagte Peredelko, immer noch betont freundlich. «Iljin, bring die Stücke zum Leutnant», befahl er und verließ mit Wanja die Werkstatt.

Das zweite Bataillon befand sich auf dem Übungsfeld. Die erste Übung, die Wanja nun mitmachte, war ein Fünfkilometerlauf mit Gasschutzmaske. Es war schrecklich heiß. Es war zwar erst 11 Uhr vormittags, doch die Sonne stand bereits hoch am Himmel, und man sprach von dreißig Grad im Schatten. Kaum hatte Wanja die Maske aufgesetzt, so schnürte es ihm förmlich den Atem ab. Er riss die Maske vom Gesicht, doch wurde sie ihm mit einem Ruck von Major Iwanow sofort wieder aufgestülpt. Iwanow schien sich sowieso höchstpersönlich um seinen Soldaten Richter zu kümmern.

Wanja fehlte es an Luft. Erst einige Augenblicke später entdeckte er, dass die Luftzufuhr an seiner Maske verschlossen war. Er öffnete sie und atmete etwas auf. Aber immer noch gelangte viel zu wenig Luft in seine Lungen. Der Major grinste. Diese Prozedur wiederholte sich einige Male. Endlich hatte Wanja herausbekommen, wie man die Maske richtig benutzt. Er war mittlerweile völlig außer Atem. Anderen Soldaten ging es allerdings nicht viel besser. Es gab eben verschiedene Methoden in der Armee, den jungen Soldaten etwas beizubringen ...

Dann begann der Lauf. Bereits nach wenigen Metern hätte Wanja am liebsten aufgegeben. Die unerträgliche Hitze, dann die mangelhafte Luftzufuhr in der Maske und dazu die ständig anpeitschenden Schreie der Unteroffiziere, die ohne Maske mitliefen, machten den Lauf zur Hölle. Aber irgendwie liefen die Soldaten weiter. Mit ihnen auch Wanja. Er hatte gehört, welche harten Strafen denjenigen erwarteten, der auf der Strecke liegen blieb, und so bat er Gott um Hilfe. Und diese kam. Mit Mühe hielt er die fünf Kilometer durch.

Am Ziel standen mehrere Desinfektionswagen, die berüchtigten «Gaskammern», wie die alten Hasen diese Vehikel nannten.

«Abteilung durch die Desinfektionsanlagen, marsch», schrie einer der Unteroffiziere.

Wanja lief mit den anderen in eine der Gaskammern hinein und fiel bereits wenige Augenblicke später in Ohnmacht. Seine Maske war nicht dicht. Man trug ihn aus der Kammer, begoss ihn mit Wasser und brachte ihn zur Besinnung. Kaum dass Wanja wieder zu sich gekommen war, schrie Iwanow schon aus voller Kehle: «Richter, zurück in die Anlage!»

Mit Mühe stülpte Wanja sich die Maske über. Seine

Beine zitterten. Ihm war schrecklich übel. Die Augen tränten. Er betrat die Anlage erneut. Über die undichten Stellen strömte Gas in die Maske. Wanja rang mit seinem Atem; er würgte. Dann fiel er wieder in sich zusammen. Man musste ihn hinaustragen. Diesmal hatte der Unteroffizier Mühe, ihn wieder zu Bewusstsein zu holen. Langsam kam Wanja zu sich. Vor ihm stand Iwanow.

«Na, Richter, das ist wohl komplizierter, als politische oder erst recht religiöse Schwätzchen zu führen, oder?»

Er grinste Wanja eine Weile spöttisch an und sagte dann zischend: «In dieser Anlage wirst du dich bekehren, mein Freund. Du wirst deinem Gott und dem Teufel absagen. Hier bin ich – verstehst du: *ich* – dein Gott und dein Teufel. Und außer mir keiner.»

Wanja reagierte nicht darauf. Er war zu schwach. Er war vielmehr froh, als man ihn in Ruhe ließ.

Müde und immer noch schwach auf den Beinen stand er am nächsten Morgen beim wöchentlichen Appell der Kompanie. Es war Freitag. Einige der Soldaten freuten sich, gleich Wochenend-Urlaubsscheine zu bekommen. Einige erwarteten sogar den so ersehnten Heimaturlaub. Der Kompanie-Chef las die Abkündigungen vor, als er plötzlich Wanjas Namen nannte. Nein, er hatte sich nicht verhört, der Oberst gab bekannt, dass der Soldat Richter aus Gründen der allgemeinen Befehlsverweigerung in die Reparatureinheit strafversetzt würde. Unwillkürlich blickte Wanja schräg nach vorne. Da stand Major Iwanow. Er sah Wanja mit wutverzerrtem Gesicht an, als wollte er sagen: «Ich kriege dich doch.» Aber Wanja bemerkte seinen Gesichtsausdruck kaum. Er hatte also den Test geschafft! Ein Wunder war passiert. Und er war fürs Erste gerettet.

18. Ein guter Freund ist Gold wert

Die Versetzung in die Reparaturwerkstatt erwies sich sehr bald als wahres Glückslos. Das Leben der Soldaten verlief hier nach eigenen Gesetzen. Die häufigen Stör- und Ausfälle der überstrapazierten technischen Einrichtungen zwangen sie zu unregelmäßigen Arbeitszeiten. Oft musste man Tag und Nacht durcharbeiten. Es war daher schwer, eine solche Einsatztruppe wirklich völlig zu kontrollieren. Und natürlich wuchs und gedieh in einer solchen Atmosphäre der sowjetische Korruptionspilz ...

Auch Wanja stellte bald die herausragende Stellung fest, in die man ihn – nicht ohne Ottos Hilfe – versetzt hatte. Wie verwandelt erschienen ihm die Offiziere, wenn sie die Werkstatt betraten. Hier herrschte eher ein Geist des Kommerzes als der sonst übliche Kommandogeist des Militärs.

Bereits eine Woche nach seiner Versetzung half Wanja Iljin bei der Konstruktion und Montage von Garagentoren. Iljin versuchte erst gar nicht zu verbergen, dass die Tore für die privaten Garagen des Kommandeurs und seines Stellvertreters gedacht waren. Ohne ihn besonders zu schonen, führte er den ahnungslosen Wanja in eine Welt der Korruption und Hehlerei ohne Beispiel ein.

«Du musst echt gut werden, Wanja – sehr gut, weißt du», sagte er immer wieder. «Hier in der Werkstatt kann dir niemand etwas anhaben. Aber du musst allen den Eindruck vermitteln, dass du unersetzbar bist. Sie sind alle nur auf eines aus: so schnell wie möglich reich zu werden. Diese Armee kennt keine Disziplin auf den oberen Etagen. Korruption ist da die beste Tugend. Tu, was sie dir sagen, und tue es gut, dann brauchst du nichts, aber auch gar nichts zu befürchten.»

«Aber ich bin gar nicht gut, Sascha», versuchte Wanja dem Schweißer die Ausweglosigkeit seiner Lage klarzumachen.

«Ich weiß das. Ich weiß alles über dich. Otto hat es mir erzählt. Ich bin kein Christ, Wanja, aber auch kein Sklave der Idioten da.» Dabei zeigte er auf ein überdimensionales Plakat, das ein Porträt Lenins darstellte. «Und deshalb will und werde ich dir helfen. Alle bei uns hier werden das tun. Außer Peredelko natürlich. Auf den solltest du sowieso Acht geben. Der schnüffelt überall herum. Das ist eine ausgesprochene Schestjorka, verstehst du?»

«Aber Sascha», entgegnete Wanja, «man wird es doch bald merken, dass ich in Wirklichkeit gar nicht schweißen kann. Und dann wird alles nur noch schlimmer, oder?»

«Die Dummköpfe merken das bestimmt nicht», tröstete ihn Iljin. «Nur auf Peredelko solltest du achten. Das ist ein Schwein. Ich bin hier noch zwei Monate – die müssen dir reichen, um schweißen zu lernen. Da kann ich nur sagen: Bete, dass dein Gott dir hilft.»

Und Wanja lernte. Seine Schweißnähte wurden von Tag zu Tag besser. Iljin war zufrieden. Aber dann kam der schwarze Tag, der fast alles wieder umwarf.

Iljin erkrankte plötzlich und wurde ins Lazarett eingewiesen. Zwei Tage nach seiner Einweisung wurde Wanja mitten in der Nacht unsanft von Peredelko geweckt.

«Richter, der Fahrer des Kompanie-Kommandeurs hat seinen Wagen in die Werkstatt gebracht. Der Auspuff ist hin. Steh auf, du musst ihn sofort schweißen!»

Unwillig erhob sich Wanja und folgte Peredelko in die Werkstatt. Hier angekommen, erschrak er vor der ihm gestellten Aufgabe. Er sollte einen durchgerosteten und dann abgebrochenen Auspuff schweißen? Niemals zuvor hatte er so etwas gemacht, auch nie Iljin dabei zugesehen.

«Ich weiß gar nicht, wie man so etwas macht», wollte er schon zu dem Unteroffizier sagen, zuckte aber bei dem Gedanken zusammen, Peredelko würde dann die Wahrheit über seine Schweißkünste herausfinden. Stattdessen sagte er gespielt selbstbewusst: «Der Auspuff muss erst einmal abmontiert werden. So kann ich ihn unmöglich schweißen.»

«Was kannst du nicht?» wollte Peredelko nicht gleich verstehen. «Iljin schweißt so was mit zugebundenen Augen, und du kannst nicht! Na, dann ist es höchste Zeit, dass du einmal zeigst, was du wirklich kannst. Mir wird es jedenfalls auch im Traum nicht einfallen, jetzt noch diesen Mist da abzumontieren. Ist das klar? Los, schweiß das Zeug dran, und dann ab in die Heia. Ich will mit Sicherheit nicht hier die halbe Nacht ‹Kühe melken›.»

Wanja stand der kalte Schweiß auf der Stirn. Wie sollte er diese Aufgabe schaffen? Er hatte überhaupt keine Ahnung, wie er die Sache anzupacken hatte. Er stand da und überlegte.

«Iljin schweißt das Zeug immer direkt am Auto. Also stell dich nicht so dumm an und fang an zu schweißen», befahl Peredelko und wartete.

Ungern ging Wanja an die Arbeit. Dieses Mal schien ihm die Sache überhaupt nicht zu gelingen. Statt die Löcher zuzuschweißen, brannte er immer wieder neue in den Auspuff. Zum Glück sah der Unteroffizier nicht, was unter dem Wagen geschah. Er wurde nur zunehmend ungeduldiger. Plötzlich fing das Auto Feuer. Wanja hatte wohl irgendwo eine brennbare Leitung berührt. Er löschte sofort den Brenner und warf sich selbst gegen die brennende Stelle. In wenigen Sekunden war das Feuer gelöscht. Kreidebleich kam er unter dem Wagen hervor. Auch Peredelko schwieg. Gerade eben waren sie einer mittleren Katastrophe entgangen.

«Ich schweiße nicht mehr drunter», sagte Wanja leise, aber bestimmt. «Der Auspuff muss erst abmontiert werden. So ist es viel zu gefährlich.»

«Du hast gerade eben fast das Auto des Chefs in die Luft gejagt», zischte Peredelko ihm entgegen. «Du ... du, kannst du überhaupt schweißen? Du hast wohl gedacht, du könntest dir hier in der Werkstatt ein warmes Plätzchen schaffen und so der Verantwortung für unser sowjetisches Volk entgehen, du baptistischer Volksfeind!»

Peredelko baute sich bedrohlich direkt vor Wanja auf.

«Ich werde keine Schweißarbeit mehr unter dem Auto tätigen», blieb Wanja, sanft ausweichend, bei seiner Meinung.

«Du wirst das tun, was ich dir sage, verstanden!» schrie der Unteroffizier fast außer sich.

«Nein, Genosse Unteroffizier», entgegnete Wanja, «das kann ich leider nicht. Ich habe tatsächlich noch nie in meinem Leben einen Auspuff geschweißt. Ich weiß nicht, wie das genau geht.»

«Und das sagst du uns erst jetzt, du gemeiner Volksbetrüger», brüllte Peredelko nun. Ihm missfiel am meisten Wanjas Weigerung. «Das wirst du noch bitterlich bereuen, Richter. Morgen kommst du wieder in die ‹Chemie›. Iwanow lässt grüßen.» Er tobte.

Wanja schwieg und bewegte sich nicht von der Stelle. Peredelko, völlig außer sich, wollte gerade auf ihn einschlagen, als sich das Tor der Werkstatt öffnete und Iljin den Raum betrat.

«Was geschieht hier eigentlich?» fragte er Peredelko.

Der sonst so vorlaute Unteroffizier hatte vor Iljin großen Respekt. Iljins plötzliches Auftauchen wirkte jedenfalls wie ein Eimer kaltes Wasser auf einen überhitzten Körper.

«Dieser da, dieser blöde Baptist, kann, wie sich eben herausgestellt hat, überhaupt nicht schweißen. Es hat nicht viel gefehlt, und er hätte den Wagen vom Chef in die Luft gesprengt, dieser Saboteur!»

Aufgebracht versuchte er die Situation zu schildern.

«Und du, Iljin, hast es gewusst, dass dieser Blödian nicht schweißen kann. Ich werde euch beide anzeigen. Das kommt euch teuer zu stehen», schloss er seine Rede.

«Geh doch zum Teufel», war Iljins Antwort.

Ohne weitere Worte nahm er das Schweißgerät und kroch unter den Wagen. Wenige Minuten später war die Arbeit getan.

Währenddessen betete Wanja. Er zitterte noch, aber vor allem ärgerte er sich, dass er sich auf die ganze Sache eingelassen hatte. «Wahrscheinlich hat Gott das alles nicht gewollt», dachte er. Peredelko sah noch für einen Augenblick der Arbeit zu und verließ dann drohend die Werkstatt.

Iljin beendete das Schweißen, kroch unter dem Auto hervor und befahl Wanja wie gewöhnlich, alle Sachen zusammenzupacken und ordentlich wegzulegen. Als das geschehen war, kam er auf Wanja zu und meinte beruhigend: «Du brauchst keine Angst zu haben. Wir werden die Sache mit Peredelko schon irgendwie in den Griff bekommen. Ich komme übermorgen aus dem Lazarett, und dann müssen wir unbedingt Auspuffschweißen üben. So was kann dir jeden Tag passieren. Und jetzt geh erst mal schlafen», schloss er seine Rede.

«Himmlischer Vater», betete Wanja auf dem Weg zur Kaserne. «Du hast mir einen Engel in der Person von Sascha Iljin geschickt. Ich danke Dir von Herzen dafür.»

Eine tiefe innere Freude und Geborgenheit erfüllte sein Herz. Er wusste, Gott testete seinen Glauben. Er hätte gar nicht so ängstlich auf die ganze Geschichte reagieren müssen.

«Du hast wirklich alles in Deiner Hand, Herr», betete Wanja und legte sich ins Bett, «auch den morgigen Tag und einfach alles, was Peredelko vielleicht noch vorhat.»

Dieser war schon kräftig am Schnarchen. Aber nicht einmal sein Schnarchen störte Wanja heute. Er schlief ruhig und geborgen ein.

19. Gnade vor Recht

Am Morgen wurde das ganze Werkstatt-Team dringend zur Werkstatt beordert. Es gab keine Gymnastik und auch kein Frühstück. Eine Kolonne von ziemlich noblen PKWs wartete vor den Toren der Werkstatt. Der stellvertretende Kommandeur, Oberstleutnant Swetlow, verantwortlich für die Technik der Einheit, war selbst erschienen. Wanja hatte schon Bedenken, ob die Dringlichkeit des morgendlichen Arbeitsbeginns vielleicht etwas mit ihm zu tun hatte, doch als er die Kolonne und den Chef selbst sah, verflogen seine Befürchtungen schnell.

«Jungs», begrüßte Swetlow die Soldaten, «der General ist in unserer Region, und ich habe ihm versprochen, bis heute Mittag alle seine Wagen auf Trab zu bringen. Ihr versteht schon, was das bedeutet.»

Peredelko fühlte sich geehrt.

«Jawohl, Genosse Oberstleutnant, wir werden bis zwölf Uhr alles in bester Ordnung haben», sagte er knapp und befahl der Truppe, sofort an die Arbeit zu gehen.

An einem der PKWs stellte der Mechaniker einen Motorschaden fest. Der Motor mußte ausgebaut werden. Peredelko beschloss, selbst tatkräftig anzupacken. Während er an der Maschine die Vorbereitungsarbeiten zum Ausbau des Motors erledigte, sammelte Iljin, der ebenfalls aus dem Lazarett geholt wurde, alle Soldaten außer dem Unteroffizier und Wanja um sich.

«Was der denen bloß erzählt?», fragte sich Wanja neugierig, der es nicht gewohnt war, von Beratungen ausgeschlossen zu werden. Selbst wenn es um die Beschaffung von Wodka ging, durfte er gewöhnlich dabeibleiben, obwohl sie alle wussten, dass er Abstinenzler war und Alkohol trinken für eine Sünde hielt. Das Geheimnis war bald gelüftet.

Peredelko war gerade mit seinen Vorarbeiten fertig. Er rief einige Soldaten herzu, um mit ihnen zusammen den Motor auszubauen.

«Genosse Unteroffizier», sagte betont offiziell der dürre Michail Druschinin aus Moskau, «wir haben ernsthafte Bedenken, dass der Motor von unten beschädigt werden könnte. Würden Sie bitte selbst in die Grube steigen und das Ganze von unten beobachten? Wir heben den Motor dann schon alleine heraus, nicht wahr, Sergej?»

Druschinin sah seinen Freund Sergej Abramow geheimnisvoll an. Dieser war früher Boxer gewesen und war in der Einheit dafür bekannt, dass er an allen Schlägereien grundsätzlich teilnahm.

«Na klar», antwortete der Unteroffizier.

Peredelko kletterte in die Grube, und dann begannen sie den Motor freizumachen. Zuerst wurde eine feste Verbindung zu einem Kran hergestellt, und dann wurden alle Befestigungen gelockert. Langsam zog Druschinin den Motor aus seinen Fassungen. Auf einmal sah Wanja, wie das Steilseil nachgab und der Motor an den Fassungen vorbei in die Grube sank. Peredelko bemerkte es auch und versuchte zunächst, den Motor abzustützen, aber das Gewicht drückte ihn unausweichlich zu Boden. Er bekam Angst und fing an zu schreien, man solle ihm doch schleunigst zu Hilfe kommen. Aber niemand bewegte sich. Nur Wanja kam angelaufen. Aber Druschinin schob ihn zur Seite und befahl mit eiserner Stimme: «Misch dich nicht ein! Er soll heute einmal lernen, wer hier das Sagen hat.»

Immer tiefer sank der Motor, bis Peredelko ganz auf

dem Boden lag und eingequetscht darum bat, ihn endlich zu befreien.

«Jetzt», befahl Abramow, und mit einem Ruck fingen die Soldaten den Fall des Motors auf. «So, du armselige Schestjorka», zischte Sergej dem Unteroffizier entgegen, «wir haben keinen Bock mehr, zuzusehen, wie du uns alle hier verkaufst. Entweder du versprichst uns jetzt, niemals mehr auch nur ein Wort über einen von uns zu klagen, oder wir registrieren heute einen tragischen und allerseits sehr bedauerlichen Unfall mit tödlichem Ausgang.»

«Aber ihr könnt ihn doch nicht umbringen!» mischte sich Wanja plötzlich in die Sache ein.

«Geh zum Teufel, Richter», schnauzte Druschinin ihn verärgert an. «Wenn deine christliche Barmherzigkeit diesem Verräter noch Erbarmen entgegenbringen kann, dann bist du hier eine Ausnahme. Wir alle haben die Schnauze endgültig voll. Der wird dich verraten und verkaufen, noch ehe die Sonne untergeht! Das ist ein Teufel, und mit solchen machen wir kurzen Prozess.»

Wanja wollte widersprechen, aber Iljin zog ihn in einen anderen Raum.

«Warte hier», sagte er nur.

Wenige Minuten später kam er wieder in Begleitung von Peredelko. Dieser hatte seinen Kopf gesenkt.

«Wanja, bitte entschuldige, was gestern zwischen uns gelaufen ist. Ich nehme alle meine Drohungen zurück», stotterte er Wanja entgegen.

«Aber gerne», erwiderte Wanja und streckte ihm die Hand entgegen. Peredelko schlug ein und verließ darauf den Raum, ohne den Kopf zu heben. Er schämte sich offensichtlich sehr.

Am Abend desselben Tages kam er auf Wanja zu und

fragte ihn leise: «Sag mal, hast du mir wirklich helfen wollen, als die Jungs mich fast umbrachten?»

«Ja, Roman, ich wollte dir wirklich helfen. Weißt du, ich glaube nicht, dass es dir so großen Spaß macht, mich und die anderen immer wieder anzuzeigen. Eine Schestjorka zu sein ist kein gutes Los. Du tust mir leid. Als Christ kann ich mich nicht einmal über dich ärgern. Du tust mir einfach leid. Und so einem ‹Unfall› kann ich erst recht nicht zustimmen.»

«Ihr Christen seid so anders. Ich wünschte, ich könnte das Gleiche von mir auch sagen», antwortete Peredelko kaum hörbar und ließ Wanja allein.

An diesem Abend betete Wanja lange für seinen Vorgesetzten Peredelko. Gott hatte ihn selbst vor einer Anzeige bewahrt und durch merkwürdige Umstände einen kleinen Samen seiner Gnade in das Herz des Verräters gestreut. «Wie groß bist Du, Gott», dachte er. «Bei Dir werden sogar Menschen, die zum Schlimmsten fähig wären, zu bewahrenden Engeln. Ich danke Dir, Du unbegreiflicher Vater!»

20. Ein Panzer zum Tausch

Iljin verabschiedete sich wie gewohnt langsam und gründlich von der Mannschaft.

«Willst wohl hier bleiben, Sascha?» riefen ihm seine Kameraden zu, die bereits seit einer guten halben Stunde vor der Werkstatt warteten.

«Nur Geduld, Freunde, ich bin ja gleich so weit», hörte man eine ruhige Stimme aus der Schweißerei.

Einige Minuten später erschien er selbst in der Tür. Wanja stand neben ihm.

«Wanja, du hast dich erstaunlich gut gemacht. Ich hoffe, dein Gott steht dir in allen unerwarteten Situationen bei. Ich werde dich sicherlich nie vergessen.»

Er umarmte Wanja und ging dann zu den anderen Soldaten, um auch von ihnen Abschied zu nehmen.

Wanja betrat wieder die dämmrige Werkstatt. «So, jetzt bist du allein», dachte er und betrachtete die Werkzeuge an der Wand, in die ihn der Schweißer so gut eingewiesen hatte. In den wenigen Monaten war ihm Iljin zu einem besonderen Freund geworden. Nun war er fort. Ganz versunken in seinen Gedanken merkte er nicht, dass sich neben ihm Peredelko aufgebaut hatte.

«Du, Wanja, da jetzt dein großer Beschützer weg ist, möchte ich gern zu deinem Freund werden», sagte er. «Ich weiß, ihr Baptisten könnt keinen Informanten riechen, aber meinst du, ich tue das gerne? Nein und noch einmal nein! Ich hasse es eigentlich, jedes Mal über euch alle berichten zu müssen. Aber wenn ich das nicht tue, blüht mir die Hölle. Ein schreckliches Leben, glaubst du mir das? Das Gute, das ich will, das darf ich nicht, und das Böse, das ich hasse, das muss ich tun.»

«Römer 7, Vers 19», unterbrach ihn Wanja da.

«Was hast du gesagt?» Peredelko verstand den Kommentar nicht.

«Du hast eben fast wortwörtlich einen Vers aus dem Brief des Apostels Paulus an die Römer zitiert, der in Kapitel 7, Vers 19 steht. Wörtlich heißt es da: ‹Das Gute, das ich will, das tue ich nicht; sondern das Böse, das ich nicht will, das tue ich ... Ich elender Mensch! Wer wird mich erlösen von diesem todverfallenen Leib?›»

«Das steht wirklich so in der Bibel?» fragte Peredelko neugierig.

«Ja, und diese Worte beschreiben einen Menschen, der ohne persönliche Gemeinschaft mit Gott lebt.»

«Wanja, ich würde gerne einmal in der Bibel lesen», stellte Peredelko überraschenderweise fest.

«Leider habt ihr Atheisten es unmöglich gemacht, in den Besitz einer Bibel zu kommen. Wie willst du hier dieses Buch lesen können?», sagte Wanja darauf und wandte sich wieder der Werkbank zu.

Ihm war die Sentimentalität seines Beobachters angesichts von Sascha Iljins Abschied unangenehm. Seine Freunde und Helfer Otto, Iljin und auch Wladimir waren nun alle gegangen. Die Zukunft war wieder sehr ungewiss.

«Richter, sofort zum Oberstleutnant», hörte er plötzlich eine Stimme im anderen Raum.

Schnell lief er zu dem kleinen Kontor hinüber, in dem der Kommandeur der technischen Abteilung, Oberstleutnant Deljzow, normalerweise residierte. Außer Atem betrat er den Raum. Deljzow war allein und wie immer angetrunken.

«Richter, ich brauche dringend zwei neue Tore für Garagen. Diese sind zwar noch nicht gebaut, aber das ist ja auch egal. Wir sollten die Tore nächste Woche liefern. Verstanden?»

«Mit Verlaub, Genosse Oberstleutnant, aber wir haben kein Metall. Woraus soll ich denn die Tore schweißen?»

«Kein Metall, sagst du? Das ist aber dumm.»

Ein satter Fluch bekräftigte die Ausweglosigkeit der Situation.

«Richter, ich habe die Tore versprochen, verstehst du? Und ich muss sie liefern. Streng mal deinen deutschen Kopf an. Ihr Fritzen seid ja immer gut für eine Idee.»

«Ich habe eine Idee, aber ob sie realisierbar ist, das entscheiden Sie, Genosse Oberstleutnant.»

«Und die wäre?»

«Sie beurlauben mich für einen Tag in die Stadt. Dort besuche ich einige Werke und tausche Metall und was wir sonst noch brauchen gegen Technik und Soldaten.»

«*Was* willst du tun?» verstand der ziemlich angetrunkene Vorgesetzte nicht.

«Na ja, ich biete dem Werk einen einfachen Tausch an. Wir stellen ihnen einen Panzer, einen Lastwagen oder auch eine Abteilung von Soldaten für einen Tag zur Verfügung, und sie geben uns dafür, was wir brauchen.»

«Genial», schloss der Oberstleutnant nach einer Denkpause. «Das nenne ich gesunden deutschen Verstand. Immer funktionsfähig. Und deshalb gefährlich. Man darf euch nicht zu viel denken lassen.»

Er philosophierte noch ein paar weitere neblig klingende Sätze vor sich hin und sagte dann Wanja für den nächsten Tag einen Urlaubstag in der Stadt zu.

«Aber pass bloß auf, dass du nicht ohne Metall ankommst, sonst war das dein letzter Urlaub. Verstanden?»

«Jawohl, Genosse Oberstleutnant. Ich werde den Tausch einhalten.»

Der nächste Tag begann mit der lang ersehnten Aushändigung des Urlaubsscheins. «Niemals werden Sie die vier Wände Ihrer Einheit lebendig verlassen» – diese tief eingebrannten Worte schienen sich nun doch nicht zu bewahrheiten.

Wanja verließ die Einheit gegen 9.30 Uhr. Es war ein trüber Herbsttag. Seit Tagen regnete es schon, und überall standen Pfützen in den ausgebeulten Löchern des Straßenasphalts. Einige hundert Meter vom Eingangstor des Militärbezirks befand sich eine Straßenbahnhaltestelle. Wanja bestieg die nächste Bahn und fuhr einfach drauflos. Er hatte sich fest vorgenommen, zuerst Glaubensgeschwister in der Stadt zu finden und erst danach den großen Tausch zu verhandeln. Die einzige Information, die er über gläubige Christen in der Stadt besaß, stammte aus dem Munde des Kommissars. Damals, vor fast einem halben Jahr, hatte dieser ja erwähnt, dass sich die Christen in der Kommunistischen Straße versammelten.

«So eine Ironie des Zufalls», dachte Wanja, während er in Richtung Stadtmitte ruckelte. «Christen ausgerechnet in der Kommunistischen Straße!»

Irgendwo im Zentrum stieg er aus. Es nieselte, doch Wanja ließ sich dadurch nicht stören. Interessiert schaute er sich um, betrachtete die Menschen in der Stadt, die Häuser. Dann begab er sich mit festen Schritten zum großen Basar. Hier erhoffte er sich, Auskunft über die Kommunistische Straße zu erhalten.

Auf dem Basar herrschte reges Geschäftstreiben. Bauern aus den nahe gelegenen Dörfern verkauften Obst, Gemüse und Kleinvieh. Hie und da sah man aber auch Händler, die Kleider und Geräte anboten. Und es war laut. Wanja verwirrte die bunte Stimmenvielfalt etwas. Er suchte sich die Leute heraus, die neben

Autos mit Kuibyschewer Autonummer standen. «Die werden die Straße wohl kennen», dachte er. Doch lange Zeit konnte ihm niemand helfen. Dann fing er an, einfach jeden Händler oder Käufer zu fragen. Aber die Kommunistische Straße schien niemand zu kennen.

«Ich bin schon mein ganzes Leben hier in Samara[17]», meinte eine alte Frau, «aber eine solche Straße ist mir völlig unbekannt.»

Fast verzweifelt verließ Wanja darauf den Basar. Die Marktstraße führte ihn auf einen großen Platz. Gefragt, was für ein Platz das sei, antwortete ein junges Mädchen: «Der Lenin-Platz, was denn sonst! Siehst du das Lenin-Denkmal da drüben? Deshalb heißt der Platz so.»

Sie lachte fröhlich und lief weiter. Wanja wollte sie noch fragen, ob sie auch die Kommunistische Straße kannte, doch sie war bereits verschwunden. Er fragte andere, aber auch diese gaben ihm keine Auskunft. Schließlich rang er sich dazu durch, einen Milizmann zu fragen. Und bereits der erste gab unwillig und grob Auskunft: «Sie müssen den O-Bus Nr. 5 nehmen. Die Straße liegt in Alt-Samara.»

Wanja nahm also den besagten O-Bus und fuhr bis zur Altstadt. Wieder verließ er den Bus, ohne mit jemandem zu reden. Erst auf der Straße fragte er die Leute. Gleich die erste Frau antwortete ihm freundlich: «Die Kommunistische Straße, ja, das ist die dritte links. Wir nennen sie alle eigentlich immer noch Monastyrskaja. Früher lag an der Straße ein Kloster. Die alten Einwohner ändern die Straßennamen nicht, wissen Sie.» Es machte ihr offensichtlich Freude, dem Soldaten all das zu erzählen.

[17] Alter Name der Stadt Kuibyschew.

«Besten Dank», wandte sich Wanja von ihr ab und setzte seinen Weg mit schnellen Schritten fort.

Bald schon bog er in die bezeichnete Straße ein. Er ging sie ganz entlang, doch eine Kirche konnte er nicht entdecken. Auf dem Weg zurück nahm er die andere Seite, fand aber immer noch keine Kirche. Da beschloss er, wieder jemanden zu fragen. Eine Frau mittleren Alters ging vor ihm her. Er holte sie ein und fragte sie freundlich nach dem Gebetshaus der Baptisten. Die Frau sah ihn überrascht an und antwortete: «Ich gehe gerade dahin», was eine Welle der Freude bei Wanja auslöste.

Auf dem Weg zum Gemeindehaus lernte Wanja die Glaubensschwester Mascha näher kennen. Sie war von Beruf Ingenieurin und ging zum Gemeindehaus, um bei Renovierungsarbeiten zu helfen.

«Dann könnten Sie mir vielleicht noch in einem anderen Fall helfen», meinte Wanja zögernd und beschrieb ihr sein Vorhaben. Mascha nannte ihm ein paar Firmen und gab ihm auch eine Wegbeschreibung.

Mittlerweile erreichten sie auch das Gemeindehaus. Es war ein altes Privathaus, umgeben von einem großen Zaun. Mehr als 800 Gottesdienstbesucher, so erzählte Mascha, kamen jeden Sonntag zum Gottesdienst.

«Aber wir stehen fast alle. Der Raum ist für höchstens die Hälfte Besucher gedacht. Im Winter ist es schrecklich ungemütlich hier», fügte sie hinzu.

Sie gingen hinein. Die dort versammelten Helfer sahen sie erstaunt an, begrüßten den Soldaten aber herzlich. Wanja erzählte ein wenig aus seinem Leben. Dann knieten alle nieder und hatten eine Gebetsgemeinschaft. Wanja fühlte sich nach den langen Monaten in geistlicher Isolation wie im Himmel. Gestärkt verließ er das Haus.

«Wir werden auch dafür beten, dass der Tausch gelingt», sagte Mascha. «Fang bei dem Werk für Maschinenbau am besten gleich an. Aber vergiss nicht, den Hauptingenieur zu sprechen. Er allein hat im Werk das Sagen», empfahl sie ihm.

Nachmittags kurz nach drei Uhr betrat Wanja das Gelände der Maschinenbaufabrik. Dieses Gelände war fürchterlich verdreckt. Überall lag Altmetall herum. Nur mit Mühe gelang es ihm, den Hauptingenieur zu sprechen.

«Ich bin von der Kompanie XY 355. Uns ist das Metall zum Schweißen ausgegangen, und ich wollte nachsehen, ob wir nicht ins Geschäft kommen können», fing Wanja sofort mit der Sache an.

«Geschäfte sind gut, junger Mann, aber womit wollen Sie denn handeln?»

«Eine Tonne Metall gegen einen Panzer, Schwertransporter etc., inklusive Bedienung. Oder, wenn gewünscht, auch eine Abteilung Soldaten zum Aufräumen ...»

Die Augen des Hauptingenieurs wurden plötzlich lebendig.

«Ei, Soldat, Sie verstehen was vom Geschäft», sagte er. «Eine Tonne Metall gegen zwanzig Soldaten für einen vollen Arbeitstag – was hältst du davon?» schlug er nun kumpelhaft als Antwort vor.

«Das ist in Ordnung», freute sich Wanja. «Unsere Soldaten treten morgen Früh um 9.00 Uhr an.»

«Abgemacht. Und das Metall könnt ihr den Tag darauf abholen.»

Wanja verließ das Gelände der Fabrik und war mit sich zufrieden. Er hatte für sein Überleben in der Kompanie ein wichtiges Geschäft getätigt. Und das sollte nur die erste in einer langen Reihe von Handelsabmachungen werden. Nur wenige Wochen später hatte die Reparaturwerkstatt alles: Metall, Elektroden, Ersatzteile und was man sonst noch brauchte. Auch die Offiziere vom technischen Dienst waren zufrieden. Ihr Geschäft blühte. Wanja schweißte nun Garagentore, Fensterrahmen, Öfen und einiges mehr. Er wurde zum begehrten Spezialisten. Sogar der Kommissar ließ ihn für kurze Zeit in Ruhe.

21. Die Gemeinde in der Kommunistenstraße

Die neue Position eröffnete Wanja ungeahnte Möglichkeiten. Ungehindert konnte er nun fast jede Woche das Gelände der Kompanie verlassen. Meistens besuchte er dabei die Veranstaltungen der Gemeinde in der Kommunistischen Straße. Bald schon fühlte er sich hier zu Hause.

Heute kam Wanja zu spät. Der Gottesdienst hatte bereits angefangen. Nach vielen Monaten geistlicher Isolation war das sein erster Gottesdienst. Lange Tage vor diesem Ereignis freute er sich schon darauf, mal am Sonntag freizuhaben. Jetzt war es so weit.

Einer der diensthabenden Diakone wies ihm noch einen Platz auf dem Balkon zu.

«Hier wirst du nicht so schnell bemerkt in deiner Uniform», sagte er etwas geheimnisvoll.

Wanja stieg die Treppe zum Balkon hinauf. Der Gemeindesaal war restlos überfüllt. Unten im Saal hätte man nicht einmal mehr einen Stehplatz finden können. Die Luft war bereits jetzt verbraucht. Der intensive Geruch vieler menschlicher Körper stieg ihm in die Nase. Für einen Moment wurde ihm sogar übel. Doch bald gewöhnte er sich daran und verfolgte aufmerksam das Geschehen.

Der Chor sang eingängige Lieder. Wanja fühlte sich ganz zu Hause. Um ihn herum waren gläubige Menschen wie er, seine Geschwister im Glauben. Vergessen waren für die nächsten zwei Stunden die Strapazen und Leiden der letzten Monate. Konzentriert folgte er den Predigten, Zeugnissen und Liedern. Die Worte fielen auf einen geistlich ausgedörrten Boden. Wie frisches Quellwasser füllten sie sein Herz.

Auf einmal spürte er, wie jemand versuchte, ihn zur Seite zu ziehen. Er sah sich um und hörte den Diakon zu ihm sagen: «Bruder, der Bevollmächtigte für religiöse Fragen hat dich hier gesehen und versucht sich nach hier durchzudrängen, um dich zu erwischen. Es wäre für dich besser, wenn du dich so schnell wie möglich versteckst. Ein paar Brüder versuchen ihn so lange aufzuhalten. Bück dich und schleiche dich hinter mir aus dem Saal. Bitte folge mir sofort.»

Wanja gehorchte umgehend. Sie verließen den Balkon durch die andere Tür, landeten zuerst im so genannten Brüderzimmer, dem Zimmer des Pastors, und stiegen dort aus dem Fenster. Hinter dem Haus schlichen sie dann in ein kleines Nebengebäude, wo schon ein paar alte Schwestern auf Wanja warteten. Bei ihnen stand bereits ein zweiter Soldat.

«Das ist unser sonntäglicher Dienst», sagte eine der Schwestern. «Wir haben schon viele Soldaten vor diesem Ungeheuer versteckt.»

Dann räumte sie einen Tisch mit abgelegten Mänteln zur Seite und lud die beiden Soldaten freundlich ein: «Herzlich willkommen, meine lieben Untergrundler ...»

Hinter den vielen Kleidern befand sich tatsächlich ein kleines Zimmer. Es war so winzig, dass sich die beiden Soldaten nicht einmal richtig hinsetzen konnten. Etwa eine Stunde verbrachten sie in diesem Versteck. Sie lernten einander kennen. Nikolai hieß der andere Soldat und kam aus der westlichen Ukraine. Er hatte zwar den Waffendienst nicht verweigert, hatte aber trotzdem als Christ enorme Probleme in seiner Kompanie. So hatten sie genug Stoff zur Unterhaltung. Ihre Einheiten befanden sich in unmittelbarer Nachbarschaft, wie sich im Gespräch herausstellte. So beschlossen sie, sich nach Möglichkeit auch einmal zu zweit zu treffen.

Die Zeit in dem kleinen Kabuff verging wie im Flug, und schon öffnete sich die Tür. Eine alte Schwester streckte ihren Kopf herein.

«Die Gefahr ist vorbei, meine Helden», sagte sie fröhlich. «Unsere Aufpasser sind unverrichteter Dinge abgezogen, und wie immer in solchen Fällen waren sie sehr, aber wirklich sehr böse. Dieses Mal drohte er, garantiert Ärger zu machen, falls wir euch irgendwo verstecken», lächelte sie dabei.

«Ich glaube, die beste Sache wäre, wenn wir hier Zivilkleider hätten», schlug Wanja vor, in solchen Fällen immer für einen praktischen Vorschlag gerüstet. «Wir könnten uns hier vor dem Gottesdienst umziehen, und dann hätte er alle Mühe, uns in der Masse der Gottesdienstbesucher für Soldaten zu halten.»

Der Vorschlag gefiel den Schwestern sehr. Und wirklich, beim nächsten Gottesdienstbesuch brauchte Wanja nicht mehr ins Versteck zu gehen.

Draußen vor dem Gemeindehaus warteten einige Familien auf die beiden Soldaten. Zur Freude Wanjas war auch Mascha mit ihrem Mann dabei.

«Wanja, wir haben auf dich gewartet», sagten sie fast aus einem Mund. «Wir wollen dich gerne zum Mittagessen mitnehmen.»

Aus dem gemeinsamen Mittagessen bei Familie Pawlow wurde eine wirkliche Freundschaft. Immer wenn Wanja konnte und frei hatte, besuchte er diese Familie. Besonders große Freude bereitete Wanja das kleine Ferienhäuschen von Pawlows. Die gemütliche Datscha lag am Ufer von einem der vielen Nebenarme der Wolga, nur eine Viertelstunde von Wanjas Einheit entfernt. Es war keine große Kunst, sich unbemerkt hierhin zu verziehen. Oft kamen auch Jugendliche der Gemeinde, um mit Wanja mehr Gemeinschaft zu haben. Nach einem der Gottesdienste vereinbarte Wanja mit Nikolai, dem Christen aus der Nachbarkompanie, sich mit ihm von Zeit zu Zeit in der Datscha zu treffen. Die Pawlows zeigten ihm die Stelle, wo sich normalerweise der Schlüssel befand. So konnte Wanja jederzeit unbeaufsichtigt dahin flüchten, wenn die Situation in der Kompanie unerträglich wurde.

Monate vergingen. Wanja verbrachte jede nur denkbare freie Stunde in der Stadt bei einem seiner neuen Freunde aus der Gemeinde. Die Erfahrungen in der Jugendarbeit in seiner Heimatstadt kamen ihm hier zugute, und so fand sich allerlei Arbeit auch für ihn.

Vor allem freuten ihn die Erfolge in der evangelistischen Arbeit. Natürlich waren die Anfänge, gemessen an anderen Erfahrungen im Land, nur bescheiden, aber in der Situation der Jugendlichen am Ort machte man große Schritte vorwärts. Die Evangelisationsarbeit gestaltete sich vor allem auf drei Ebenen. Die so genannte «Persönliche Evangelisation» durch jedes einzelne Mitglied der Jugendgruppe wurde intensiv gefördert. Dazu wurden auch öffentliche Aktionen vorbereitet und durchgeführt, und außerdem lud man andere junge Menschen zu Jugendstunden in den Häusern ein. Wanja hatte sich schon in seiner Heimat auf den öffentlichen Einsatz spezialisiert und gab hier in Kuibyschew sein Wissen und seine Erfahrung fleißig an die Jugendlichen weiter.

So übten sie beispielsweise eifrig die «Kaufhaus-Evangelisation» ein und praktizierten sie auch. Als Wanja diese Methode zum ersten Mal vorschlug, konnten es die Geschwister lange Zeit nicht fassen, wie einfach die Sache war: Man ging in ein Kaufhaus, suchte dort die Bekleidungsabteilung auf und probierte dann in der Ankleidekabine allerlei Kleidungsstücke mit Taschen an. Die Taschen waren dabei das Wichtigste. Denn diese wurden, unbemerkt von anderen, schnell mit handgeschriebenen Traktaten voll gesteckt. Natürlich mussten die Traktate vorher geschrieben werden. Doch auch dafür sorgte bald ein tüchtiges Team junger Leute. Niemals fanden die jungen Missionare beim zweiten Durchgang in dem entsprechenden Kaufhaus noch Traktate in den Taschen wieder. Und manche weniger gute Ware hing immerhin Monate auf der Stange und wartete auf Käufer! Die Jugendlichen lästerten dann schon: «Unser Postkasten ist immer noch da.» Aber die Traktate waren längst verschwunden. Jemand probierte genau wie die Christen diese Kleider an und nahm das kostbare Wort Gottes mit.

Auf einem ähnlichen Prinzip basierte die Telefonhäuschen-Methode. Auch hier ließ man nach einem vorgetäuschten Telefongespräch ein Traktat in der öffentlichen Telefonzelle zurück.

Eine andere beliebte Methode, das Evangelium auszustreuen, bestand im Besuch so genannter «Wissenschaftlicher Vorlesungen» über atheistische Fragen an der Universität. Da solche Vorlesungen meist mit einem Diskussionsteil endeten, wobei dem Redner schriftlich anonyme Fragen zum Vortrag gereicht wurden, konnten die Christen ganz gezielte Fragen stellen. Und wenn sich im Saal dann weitere Leute für das Thema interessierten, versuchten sie, diese Menschen hinterher anzusprechen.

An Ostern probierten sie zum ersten Mal einen Einsatz auf dem Friedhof. Sie knüpften dabei an die alte russisch-orthodoxe Tradition der Totenfeier an. An solchen Tagen versammelten sich Tausende Menschen auf den Friedhöfen bei den Gräbern ihrer verstorbenen Verwandten. Hier am Grab wurde dann ein Mahl zubereitet. Vor allem floss dabei viel Schnaps. Niemand würde, so dachte Wanja, die Christen daran hindern, ihre Totenfeier am Grab verstorbener Glaubensgeschwister zu feiern. Und so feierten sie auf ihre Weise: Sie gingen von einem Grab zum anderen, sangen Lieder und sprachen über das Leben der verstorbenen Geschwister, deren Bekehrung und ihr Leben mit Gott. Es dauerte nicht lange, und Hunderte von Menschen versammelten sich um die Jugendgruppe. Anschließend wurden die besonders Interessierten in ein persönliches Gespräch verwickelt.

Die evangelistische Tätigkeit zeigte bald ihre ersten Früchte. Wanja, der selbst nicht oft bei den missionarischen Aktionen dabei sein konnte, betete für die Gruppe und stand dieser mit seinem Rat zur Seite. Das aktive Beteiligtsein am Leben der Gemeinde ließ ihn manchmal seine eigene Situation vergessen. Aber die dunklen Wolken am Horizont zogen sich bereits zusammen.

22. Abendmahl in der Datscha

An einem der Sonntage traf Wanja Nikolai wieder im Gottesdienst. Er sei ohne offizielle Genehmigung in die Stadt gefahren, teilte dieser Wanja und den anderen Jugendlichen mit. Seit Tagen habe man ihn unter verstärkten Druck gesetzt. Nikolai war sichtlich aufgeregt, als er über die neuesten Schikanen seiner Vorgesetzten erzählte. Leider konnte er nicht lange bleiben und verließ bald das Gemeindehaus. Bevor er ging, schlug Wanja vor, sich doch in der Datscha zu treffen.

«Gut. Ich will versuchen, nächsten Samstagabend etwa um zehn Uhr hinauszukommen», antwortete Nikolai und eilte zu seiner Einheit zurück.

Am nächsten Samstag war Wanja pünktlich um zehn Uhr abends in der Datscha. Sein Freund war noch nicht da. Nur mit Mühe fand er nach einiger Zeit den Schlüssel im üblichen Versteck. Zu dieser Jahreszeit war es in den Wolgasteppen bei mondlosen Nächten stockfinster. Dies war eine solche Nacht.

«Welch ein Bild für all das, was wir Christen hier erleben», dachte Wanja, nachdem er endlich den Schlüssel ertastet und es sich auf dem Sofa in der Datscha gemütlich gemacht hatte.

Die neuerlichen Angriffe auf seinen Freund Nikolai machten ihm Sorge. Nikolai gehörte nicht unbedingt zu der Kategorie von selbstbewussten und kampfbereiten jungen Christen, zu der Wanja sich selbst zählte. Aus diesem Grund hatte er auch nicht verweigert. Erst kurz vor der Einberufung hatte er sein Leben Christus hingegeben. Die Anforderungen, die der Militärdienst an ihn stellte, schienen ihn oft zu überfordern. Wanja hatte berechtigte Angst um seinen Glauben. Doch bis jetzt hatte der Herr auch Nikolai durchgetragen. Plötzlich, im Nachdenken über das Wohlbefinden seines Freundes, kam Wanja eine merkwürdige Idee.

«Was wäre, wenn wir hier heute Nacht Abendmahl feiern würden?» fragte er sich und erschrak ein wenig bei diesem Gedanken.

Seit Monaten waren weder er noch Nikolai beim Abendmahl der Gemeinde in der Kommunistischen Straße gewesen. Irgendwie schienen die Vorgesetzten gerade an solchen Sonntagen den Ausgang zu verhindern. Der Gedanke, nun das Abendmahl mit seinem Freund zu feiern, erfüllte Wanja immer mehr. Doch sofort überfluteten neue Fragen sein Gehirn. Durfte er überhaupt das Abendmahl nehmen, ohne dass ein ordinierter Prediger dabei war? Würde Gott ihn nicht für einen solchen Schritt bestrafen? War das, was er da vorhatte, nicht ein Sakrileg?

Wanja las in seinem Neuen Testament nach, was er zu diesem Thema finden konnte. Aber es gelang ihm nicht, auch nur eine Spur von Argument gegen die private Abendmahlsfeier zu finden. Dann war da aber noch die Frage nach dem Wein. Wanja durchsuchte fieberhaft die Datscha und fand darin weder Wein noch Traubensaft. Durfte er wohl Abendmahl feiern und einen Kelch mit Wasser benutzen?

Mitten in seinen Überlegungen klopfte es an der Tür. Wanja öffnete. Nikolai stand in der Dunkelheit vor ihm.

«Bin ich froh, dass du noch da bist, Wanja», keuchte er statt einer Begrüßung. «Ich hatte schon jede Hoffnung verloren, die Kompanie unbemerkt zu verlassen.»

Nikolai war noch ganz außer Atem.

«Eh, beruhige dich erst, Bruder», entgegnete ihm Wanja fröhlich. «Ich hätte hier auch die ganze Nacht durchgewartet. Es waren ja nur ...» – «ein paar Stunden», wollte er sagen und erstarrte beim Blick auf seine Uhr.

Jetzt lachte sein Freund.

«Was hast du nur wieder gemacht, dass dir die Zeit so schnell vergangen ist?»

«Also, das hätte ich wirklich nicht gedacht», stotterte Wanja.

Es war zwei Uhr morgens. Nun erzählte er Nikolai von seinen Überlegungen und schlug ihm vor, jetzt Abendmahl mit ihm zu feiern.

«Du bist doch getauft?» fragte er dann und atmete erleichtert auf, als Nikolai bejahte. Wenigstens diese theologische Frage blieb ihm diesmal erspart.

Nikolai war gerne bereit, und so begann die für beide Soldaten einmalige Abendmahlsfeier. Sie lasen die Kreuzigungsgeschichte Jesu zweimal durch, tauschten dann ihre Gedanken aus und beschlossen, jeder für sich in die Stille vor Gott zu gehen, um ihn um eine völlige Reinigung ihrer Herzen zu bitten. So schwiegen sie miteinander, und lange hörte man überhaupt kein Wort. Auf einmal überkam sie eine tiefe Unruhe. Tränen füllten ihre Augen. Beide bekamen Angst, denn es schien ihnen, als hätte jemand das Zimmer betreten und stünde ihnen gegenüber. Die Gedanken spielten auf einmal verrückt. Viele Begebenheiten, die Verletzungen, Stolz, ja auch Lügen beinhalteten, fielen Wanja ein. Mit zitternder Stimme begann er, diese Dinge Gott gegenüber zu bekennen. Nikolai erging es ähnlich. Erst nach einer Stunde voller reumütiger Bekenntnisse kehrte Frieden in ihre Herzen ein.

Wanja und Nikolai umarmten sich. Gott hatte sie in einer besonderen Weise besucht und gereinigt. Jetzt waren alle Zweifel genommen worden, und sie durften fröhlich das Mahl des Herrn miteinander feiern.

Wanja, als der Ältere im Glauben, goss etwas Wasser in ein Glas, holte ein Stück halb vertrocknetes Brot aus seiner Tasche und legte es neben das Glas auf den Tisch. Dann bat er Nikolai, die Einsetzungsworte aus dem 1. Korintherbrief, Kapitel 11, zu lesen. Langsam und tief bewegt las dieser die heiligen Worte. Draußen, wo noch einige Minuten vorher der Wind getobt hatte, wurde es unheimlich still, so als würde auch die Natur den gewaltigen Worten zuhören wollen. Nach der Schriftlesung knieten die beiden Brüder nieder und beteten, einer nach dem anderen. Es waren Weihegebete. Wanja spürte, wie ihn ähnliche Gefühle durchzogen wie damals im hohen Gras hinter den Kasernen, als er seinen Hass überwand.

So tranken sie vom Kelch und nahmen vom Brot, und eine unsagbare Freude und Dankbarkeit durchströmte ihre Herzen. Fast automatisch begannen sie Loblieder zu singen. Sie sangen und sangen. Worte schon fast vergessener Lieder kamen ihnen in den Sinn. Es war einfach herrlich.

Draußen war es inzwischen fast ganz hell geworden.

«Wir müssen bald gehen», stellte Nikolai auf einmal fest. «Es ist sechs Uhr! In einer Stunde ist Wecken. Ich muss vorher im Bett sein.»

«Lies nur noch einen Abschnitt, Nikolai», antwortete Wanja. «Ich werde dann den Segen lesen, und dann gehen wir.»

Nikolai schlug, ohne groß nachzudenken, sein Neues Testament auf und las im Markus-Evangelium die Geschichte, wie Maria Jesu Füße salbte.

«Sie gab Jesus alles», stellte Wanja fest.

«Und bereitete ihn zum Sterben vor», ergänzte Nikolai. Dabei sah er mit seltsamem Blick zu Wanja herüber.

Wanja durchzog eine ungekannte Kälte. Er bekam

eine Gänsehaut, schaute einen Augenblick in eine andere Richtung und sagte dann nach einer Weile: «Gott hat uns heute auch für etwas vorbereitet, Nikolai. Aber habe keine Angst, er wird es bestimmt gut mit uns meinen.»

Sie segneten einander und verabschiedeten sich herzlich. Darauf ging ein jeder in seine Richtung. Auf dem Weg zu seiner Kaserne ließ Wanja das Gefühl nicht los, etwas Großes, Gewaltiges würde ihm bald zustoßen. Aber er schien davor keine Angst mehr zu haben.

23. Der «Unfall»

Auch dieser Tag begann wie viele, viele andere. Es war ein klarer, warmer Septembertag. Der Herbst meldete sich hier und da bereits. Die Sonne hatte ihre Sommerwärme etwas eingebüßt, aber es war immer noch sehr warm. Nichts, aber auch gar nichts deutete an, dass dieser Tag Wanjas Leben radikal verändern würde.

Sieben Monate waren von seiner Dienstzeit noch geblieben, und dann würde er nach Hause zurückkehren. In den vergangenen Monaten hatte sich Wanja durch seine Arbeit unbestreitbaren Respekt verdient. Sogar die Offiziere des Kommissariats kamen in die Werkstatt zu Wanja mit der Bitte, ihre Autos und verschiedene andere private Dinge zu schweißen. Seine Position wurde dermaßen stabil, dass er für eine Zeit lang fast vergessen hatte, wo er sich befand. Das Leben auf dem Gelände der Kompanie war immer mehr durchschaubar und damit auch kontrollierbar geworden.

«Es ist das Geschäft ums Überleben», nannte es Michail, einer der strafversetzten Soldaten in der Werkstatt. «Wer es versteht, kann leben. Und die Armenier und Deutschen, die verstehen es wohl am besten», fügte er oft in Wanjas Gegenwart hinzu.

Es war Manöverzeit. Die meisten Soldaten befanden sich auf den Übungsfeldern in den Wolga-Steppen, die Kuibyschew von allen Seiten umzingelten. Michail und Wanja wurden diesmal zurückgelassen. Sie sollten den Betrieb in der Werkstatt aufrechterhalten. Aber viel gab es da sowieso nicht zu tun. Und so erlebten sie die Manövertage eher als Entspannung und Urlaub. Am Abend suchte Wanja die Möglichkeit, auch ohne Urlaubsschein in die Stadt zu den Geschwistern der Baptisten-Gemeinde zu entwischen. Es war eine herrliche und ungestörte Zeit. Wanja fühlte sich rundum ausgeglichen. Aber wie sagt da das bekannte russische Sprichwort: «Wenn man den Dieb am wenigsten erwartet, dann kommt er sicher.» Und dieser wunderschöne Herbsttag sollte die Wahrheit dieses Sprichworts wiederholt bestätigen.

In der Werkstatt wartete auf Michail und Wanja die erste Überraschung: Vor den Toren stand die fahrbare Werkstatt von Unteroffizier Peredelko. Er schien in der Nacht zurückgekommen zu sein.

«Na, da haben wir unsere Bescherung, Wanja», sagte Michail leise. «Dieser Genosse ist bestimmt nicht ohne Arbeit zurückgekommen.» Er war noch nicht damit fertig, seine Befürchtungen und Vermutungen auszusprechen, als sich die Tür der Werkstatt öffnete und ein Soldat vom Küchenpersonal schwer atmend eintrat.

«Richter, komm sofort in die Küche! Ein Heißwasserrohr ist geplatzt. Wir haben eine Überschwemmung! Und der Kommandeur ist heute mit irgendeinem General zurückgekommen. Wir sollen für sie alle kochen. Du musst uns dringend helfen, Richter!»

Er flehte Wanja fast an. Die technische Werkstatt war keineswegs verpflichtet, diese Art Arbeit in der Küche zu tun. Michail und Wanja sahen sich fragend an. Was sollten sie tun? Die Anwesenheit der mobilen Werkstatt verhieß nichts Gutes. Sollten sie da nicht für ein paar Stunden in die Küche verschwinden? Nach einer Pause traf Wanja dann die Entscheidung.

«Michail, du nimmst das Gasschweißgerät und gehst in die Küche, und ich harre hier der Dinge, die da kommen mögen. Einverstanden?»

Und ob sein Kollege einverstanden war. Michail ließ sich das nicht zweimal sagen. Der Rohrbruch schien zumindest für ihn ein Geschenk des Himmels zu sein. Peredelko konnte jederzeit kommen. Vielleicht würde er dann das übrige Personal zur Militärübung mitnehmen. Wenige Minuten später verschwand er mit seiner Gerätschaft und dem ungeduldigen Soldaten in Richtung Küche.

Merkwürdig: Kaum war Michail gegangen, da überkam Wanja eine Welle plötzlicher Wehmut. Er dachte intensiv an seine Eltern, seine Familie, an Olga, an die Gemeinde zu Hause. «Ob du die alle jemals wiedersiehst?» fiel ihm dazu ein. Angst kroch in ihm hoch. Er konnte sich das nicht erklären, fand aber keine Ruhe und fing wie immer in solchen Stunden an, seine Werkstattecke aufzuräumen. In diesem Moment betrat Peredelko den Raum. Er war sichtlich aufgeregt und benahm sich ungewöhnlich distanziert und verschlossen.

«Richter, du musst schnell einen Auftrag erledigen. Wir benötigen dringend ein Rohr von mindestens einem Meter Umfang. Da wir nichts Entsprechendes hier haben, habe ich gedacht, wir könnten ein Stahlfass dazu präparieren. Du kennst doch die Fässer, die wir für Benzin und ähnliche Flüssigkeiten gebrauchen?»

Peredelko sprach schnell und sah Wanja trotz seiner dringenden Frage nicht direkt an.

«Na klar weiß ich, wovon du sprichst. Ist sonst noch etwas passiert, Roman?» fragte Wanja wohlwollend.

«Nein, sonst ist alles in Ordnung. Mir geht es nicht gut. Diese Manöver können ja jeden von den Beinen werfen.»

«Verstehe», erwiderte Wanja weiterhin freundlich.

Irgendetwas gefiel ihm nicht am Verhalten des Unteroffiziers. Dazu beschlich ihn eine merkwürdige Unruhe.

Er wunderte sich darüber. Noch nie zuvor hatte er Ähnliches erlebt.

«Das Fass steht bereits vor der Tür», meinte Peredelko noch und verließ den Raum.

«Äh, hast du es auf Gasreste kontrolliert?» fragte Wanja vorsichtig.

«Mach dir keine Sorgen, ich habe alles nach bestem Wissen und Gewissen kontrolliert – wie immer», hörte er den Unteroffizier vom Nebenraum her sagen.

Die Stimme klang dieses Mal jedoch anders.

«Irgendwie klingst du heute etwas falsch», wollte Wanja bemerken, verschwieg es dann aber doch und ging hinaus zu dem Fass.

«Das wird eine Quälerei», stellte er halblaut für sich fest, als er sich die dicke Metallwand des Fasses ansah. Der Gasschneider war weg. Er musste es also mit dem Elektroschweißgerät probieren. Wanja öffnete die vorhandenen Deckel und steckte die Nase in das Fass. Der Geruch gefiel ihm nicht. Es roch so seltsam nach Gas. Die Spannung in ihm wuchs.

«Roman», schrie er zu Peredelko hinein. «Hast du wirklich das Faß kontrolliert? Es riecht so merkwürdig.»

«Mann, ich habe dir doch gesagt, alles ist in Ordnung. Du solltest mal besser deine Nase putzen», antwortete dieser gequält. «Fang doch schon mal an, bitte. Wir müssen gleich fahren.»

Wieder überkam Wanja das Gefühl, dass sein Vorgesetzter nicht die Wahrheit sagte. Seine innere Unruhe wurde fast unerträglich. Aber er setzte das Schweißgerät an und begann gehorsam, das gewünschte Loch in das Fass hineinzuschneiden.

Es dauerte einige Augenblicke, bis sich die Elektrode durch die dicke Metallwand gebohrt hatte. Dann hörte man einen sehr lauten Knall. Das Fass explodierte wie eine Bombe. Wanja, der halb über dem Fass hing, wurde zuerst von einer Feuerflamme umgeben, dann von einer gewaltigen Druckwelle hochgeworfen und mit Wucht etwa fünfzehn Meter weit geschleudert.

Mit letzter Kraft versuchte er, sich wieder aufzurichten. Sein Kopf glich vermutlich einer blutigen Fleischmasse. Haare und Kleidung hatten Feuer gefangen und brannten. Für einen Augenblick gelang es ihm mit Mühe, das rechte Auge zu öffnen. Er sah Soldaten vom Wachpunkt in seine Richtung laufen. Sie schrien laut und fuchtelten mit den Armen. Dann verschwammen sie ganz, und er sah wie im Film sein eigenes Leben ablaufen. In einem Augenblick, ja in Windeseile zogen Bilder aus seinem Leben an ihm vorüber. Es waren Bilder aus seiner Kindheit, seiner Jugend, und manchmal tauchten Bilder über Lebenssituationen auf, die er noch keinem Menschen gebeichtet hatte. Bilder von Sünde.

«Mein Gott, sei mir Sünder gnädig!» schrie er laut und brach schließlich zusammen.

24. Ein Engel in der weißen Hölle

Zwei Monate vergingen. Wanja, immer noch bewusstlos, lag jetzt auf Zimmer vierzehn des militärischen Hospitals in Kuibyschew. Doktor Petrow, ein junger Militärarzt, machte Visite.

«Wie war sein Zustand letzte Nacht, Schwester Natascha?» fragte er die diensthabende Krankenschwester.

«Bei dem Baptisten?» fragte sie befremdend hart. «Dem geht es unverändert schlecht. Er liegt immer noch im Koma.»

Gerade in diesem Moment öffnete Wanja seine Augen und bat um Wasser. Petrow lebte auf.

«Soso, Natascha, sehen Sie nur: Es scheint ihm doch besser zu gehen.»

Wanja befand sich seit seinem Unfall in einem Zustand vollkommener Abwesenheit.

«Richter, hören Sie mich?» fragte nun ein Gesicht nahe an Wanjas Kopf.

Vor Wanjas Augen zogen sich lange Gestalten. Alles schimmerte irgendwie. Dr. Petrows Gesicht wirkte wie ein aufgeblasener Luftballon.

«Wasser, Wasser», flüsterte er immer wieder. Petrow versuchte es noch einmal, aber Wanja schien ihn nicht zu hören.

«Das Schlimmste ist jetzt vorbei», stellte Petrow fest. «Ich glaube, wir sind über dem Berg.»

«Genosse Major, vergessen Sie nicht, was der Befehl ist. Ich habe den Eindruck, Sie sind gar nicht daran interessiert, dem Befehl Gehorsam zu leisten.»

Die Stimme der kleinen, stämmigen Natascha verriet für einen Augenblick, wer hier das Sagen hatte.

«Keine Sorge, meine Kleine, wir halten uns wie immer

an die Vorschriften», antwortete Petrow mit beißender Ironie in der Stimme.

Sie verließen den Raum. Wanja kam langsam zu sich. Die Gegenstände im Zimmer nahmen allmählich Konturen an. Er erkannte das Bett gegenüber.

«Wo bin ich?» fragte er leise.

Der Kranke im Bett gegenüber, dem ein Bein amputiert worden war, richtete sich ein wenig auf und sagte verwundert: «Na, Brüderchen, du bist wahrhaftig vom Tode auferstanden, was? Du bist hier im Hospital. Verstehst du? Im Militärhospital. Du liegst hier schon zwei Monate. Mann, warst du vielleicht zugerichtet ...»

Er sprach laut, aber Wanja verstand ihn schlecht. Die letzten Worte hörte er schon fast nicht mehr. Er wurde wieder besinnungslos.

Die Tage vergingen. Wanja versuchte allmählich, sich an sein verbundenes linkes Auge, den kahlen Kopf und seinen schiefen Gang zu gewöhnen. Die Schmerzen waren zwar manchmal unerträglich, doch er kämpfte um seine Genesung. Und Tag um Tag ärgerte sich Schwester Natascha offensichtlich mehr. Entgegen allen Prognosen und trotz merkwürdiger Behandlungsmethoden ging es Wanja zusehends besser. Bereits zwei Wochen nach seinem Erwachen aus dem Koma konnte er selbst aufstehen und sich langsam und ohne fremde Hilfe bewegen.

Nataschas Nervosität entging Wanja nicht. Und noch eines bemerkte er: Dr. Petrow, der behandelnde Arzt, war im wahrsten Sinne des Wortes sein Retter. Jeden Abend, wenn das Personal wechselte, holte er Wanja in die Ambulanz. Einmal sah Wanja zu, wie er das Zimmer mit einem selbst gebastelten Dietrich aufschloss. In der Ambulanz reinigte er Wanjas Körper von den während des Tages aufgelegten Salben und legte ihm neue auf. Auch gab er ihm andere Pillen zum Einnehmen.

«Das schadet dir sowieso nur», pflegte er zu sagen und fügte dann immer hinzu: «Ich weiß, dass es wehtut, jedes Mal diese Prozedur durchzustehen. Die Haut hat schwere Verbrennungen abbekommen. Aber glaub mir, wenn ich das hier nicht mehr tue, gehst du bald ein.»

«Sie sind mein Engel», antwortete Wanja, worauf Petrow meinte: «Wir dürfen darüber nicht reden. Wenn man herausfindet, was ich hier tue, dann sind wir beide schlimm dran.»

Sonst redeten die beiden nicht viel miteinander. Petrow vermied es, mit Wanja während des Tages zu sprechen. Er tat so, als wäre ihm dieser Soldat völlig gleichgültig. Wanja verstand diese Vorsicht und suchte unnötigen Begegnungen mit dem Arzt ebenfalls aus dem Wege zu gehen. «Wenn das nicht Gottes Agent in dieser Station ist, ein wahrer Engel, dann weiß ich nicht, was ein Engel ist», dachte Wanja oft. Wie gerne hätte er sich mit dem Major näher unterhalten, ihn beispielsweise über seine Beziehung zu Gott ausgefragt. «So ein Mensch muss doch gläubig sein», überlegte er. Doch die Vorsichtsmaßnahmen erlaubten eine solche Unterhaltung offensichtlich nicht.

Drei weitere Monate vergingen. Wanja fühlte sich immer besser. Tagsüber versuchte er sogar bis zum Gemeinschaftsraum zu gehen, wo die kranken Soldaten Besuch empfangen konnten.

An diesem Morgen erhielt er selbst Besuch! Er war erstaunt darüber, Leutnant Dobroljubow in Begleitung zweier Soldaten seiner Abteilung zu sehen. Einer von den beiden war Michail. Sie kamen ins Gespräch, und schon bald verließ Dobroljubow die Werkstatt-Soldaten.

«Es ist besser, wenn ich nicht alles höre, was hier gesagt wird», sagte er bedeutungsvoll.

Michail erzählte Wanja nun, was mittlerweile in der Kompanie vorgefallen war.

«Als herausgekommen war, wie sich der Unfall zugetragen hat, da gingen mehrere Soldaten zum Kommandeur und verlangten, dass der Fall genau aufgeklärt werden sollte. ‹Richter›, so sagten sie, ‹war viel zu gewissenhaft, um solch ein Fass unüberprüft zu bearbeiten.› Viele vermuteten direkte Sabotage. Jemand wollte dich umbringen, Wanja», schloss Michail leise und sah sich dabei vorsichtig um.

«Ich weiß, Mischa», antwortete Wanja, «und sie versuchen es wahrscheinlich auch noch hier. Aber das ist nun mal unser Schicksal. Wir Christen haben hier auf Erden nichts Besseres verheißen bekommen, weißt du.»

«Man ließ uns gar nicht zu dir», brachte Michail das Gespräch wieder auf das alte Thema. «Wir haben schon einige Male probiert, dich zu besuchen, aber am Eingang des Hospitals teilte man uns immer wieder mit, dass es überhaupt keinen Ivan Richter hier gibt. Diese Lügner!»

Jetzt verstand Wanja, warum er monatelang keinen Besuch von seinen Freunden bekommen hatte.

«Wäre da nicht Dobroljubow gewesen, so hätten wir wahrscheinlich bis heute nicht herausgefunden, wo du liegst. Er ist zwar auch einer von denen aus der Spezabteilung[18], aber irgendwie ist er doch anders.»

Die Freunde unterhielten sich bestimmt über eine

---

[18] Spezielle Abteilung oder Spezabteilung nennen die Sowjetsoldaten die politische Abteilung einer militärischen Einheit, die dem KGB unterstellt ist.

halbe Stunde lang, als einer den sich nähernden Dobroljubow erblickte. Michail beeilte sich, noch etwas loszuwerden.

«Wanja, eine Sache nur noch kurz: Deine Freunde von der Baptisten-Gemeinde waren wiederholt da. Soll ich ihnen vielleicht sagen, was passiert ist?»

«Ja bitte, Michail, sage es ihnen, und sag ihnen auch, wo ich liege. Am Sonntag ist hier ziemlich wenig Betrieb. Wenn sie kommen könnten, so wäre das für mich ein großes Geschenk», antwortete Wanja und legte ihm den Arm auf die Schulter.

Währenddessen kam Dobroljubow zurück.

«So, meine Herren, es ist Zeit zu gehen. Richter, es tut mir leid, dass alles kam, wie es kam. Halte durch! Ich wünsche dir, dass dein Gott dir beisteht.»

«Merkwürdig», dachte Wanja, als die drei das Besuchszimmer verließen. «Manchmal erscheint mir dieser Offizier sogar fromm. Sollte Gott sogar beim KGB seine Leute haben?»

Seine Freunde hatten tatsächlich ihr Versprechen gehalten und Wanjas Glaubensgeschwister in der Baptisten-Gemeinde informiert. Am Sonntag erschienen in Wanjas Zimmer plötzlich zwei wie Ärzte gekleidete junge Männer. Ihre Freude war kaum zu unterdrücken. Aber sie wahrten den Schein, und Wanja gab ihnen Auskunft über sein Befinden, als wären sie vom Krankenhauspersonal. Erst als sein Zimmerkollege den Raum für ein paar Minuten verließ, umarmten sie sich und erzählten einander, was sie konnten. Die beiden versicherten Wanja, intensiv für ihn zu beten. Als sie gingen, fühlte Wanja frische Kraft und neuen Mut. Er war wieder an die Gemeindefamilie angeschlossen. Bald schon würden auch seine Familie und Freunde zu Hause erfahren, was passiert war. Er freute sich schon auf ein Lebenszeichen von ihnen.

Eines Abends begann die allabendliche Prozedur in der Ambulanz mit einer bemerkenswerten Unterhaltung zwischen Dr. Petrow und Wanja. Eigentlich war das Ganze weniger ein Gespräch. Petrow informierte Wanja vielmehr über die Zusammenhänge seines «Unfalls».

«Der Befehl von oben ist, sie umzubringen, Richter», fing er nach einer kurzen Einleitung an zu berichten. «Ich glaube, Sie haben es auch schon längst gemerkt: Der Unfall misslang. Unsere Operation war zu gut. Und auch meine Kur scheint ihnen die Suppe zu versalzen. Wir würden das Ganze sicherlich bald hinter uns bringen, das wäre jetzt noch eine Sache von ein paar Wochen. Wenn Sie erst fest auf den Beinen stehen, dann kann man unmöglich ein krankheitsgemäßes Sterben bescheinigen ... Natascha ahnt aber etwas, und es sieht so aus, dass man Sie demnächst aus meiner Abteilung nehmen wird. Das verheißt nichts Gutes, Richter.»

Für einen Augenblick schwieg Petrow und fuhr dann fort: «Ich habe eine Idee, Ivan Ivanowitsch.»

Die Nennung seines vollen Namens ließ Wanja aufhorchen.

«Und ich glaube, das ist der einzige Weg, Sie aus dieser weißen Hölle lebendig herauszubringen. Doch das wird eine Menge Tapferkeit von Ihnen verlangen, Richter.»

Petrow stockte und schwieg längere Zeit, während er gewissenhaft die hilfreiche Salbe auftrug.

«Ich glaube, ich kann mich Ihnen anvertrauen, Genosse Petrow», unterbrach Wanja sein Schweigen, gespannt auf die Reaktion bei seinem Gegenüber.

«Immer dieser ‹Genosse›», entgegnete darauf der

Arzt, runzelte seine Stirn und meinte dann: «Ich habe einen Freund, einen Augenarzt. Er ist Professor an der Universität hier in der Stadt und leitet da die berühmte Augenklinik. Sie führen da zur Zeit Experimente mit Sauerstoffkuren durch. An Tieren, versteht sich.»

Wieder stockte er. Seine Stimme klang bewegt, als würde er Wanja etwas völlig Außergewöhnliches vorschlagen.

«Es handelt sich um einen Versuch, totes Gewebe im Auge durch eine Art Waschkur zu revitalisieren. Dabei wird das Auge mit Sauerstoff voll gepumpt. Es tut schrecklich weh. Sagen Sie, verstehen Sie, worum es geht, Richter?»

Wanja verstand zuerst gar nichts. Langsam jedoch dämmerte es bei ihm. Petrow empfahl ihm, eine Art Versuchsobjekt in der Uniklinik zu werden, um somit der sicheren Misshandlung auf der Station des Militärhospitals zu entgehen.

«Sie schlagen mir also vor, ein Versuchskaninchen zu werden», versuchte er die Sachlage etwas zu entspannen.

«Nein, Wanja, kein Kaninchen. Aber dort in der Klinik würde man dich zwar nicht um deinetwillen, aber zumindest wegen des Experiment-Charakters der ganzen Sache gut pflegen. Auf diese Weise würdest du wieder stark werden. Das Auge können wir sowieso nicht mehr retten. Es ist tot. Doch ist es nicht besser, ohne Auge zu leben, als den ganzen Körper diesen Geiern zum Fraß zu geben?»

Seine Stimme wurde wütend.

«Das nennen wir *Humanmedizin*, Genosse Richter. Vergessen Sie das nie. Das ist die kommunistische Brüderlichkeit!»

Auf dem Gang hörte man Schritte. Petrow löschte hastig das Licht und drehte sich zur Tür.

«Verstecken Sie sich hinter dem Schrank», befahl er schnell.

Er wollte gerade den Raum verlassen, als Wanja ihm leise, aber deutlich zurief: «Ich bin einverstanden, ein Kaninchen zu werden.»

Dr. Petrow schloss die Tür, und kurz darauf fand im Gang ein lebhaftes Gespräch statt. Der Arzt unterhielt sich mit einer Frau. Wanja, von Neugierde getrieben, näherte sich der Tür. Er hörte jetzt die Frau sprechen. Es war Schwester Natascha. Sie griff Petrow an: «Sie haben versagt, Petrow», sagte sie verärgert. «Dieser Baptist lebt immer noch. Sie kennen den Befehl. Wir haben den Eindruck, dass Sie ihn schützen. Ich warne Sie, Petrow, denn das hat Konsequenzen.»

«Aber ich bitte Sie, Natascha. Erlauben Sie mir ein Wort. Ich halte mich peinlichst an die Anweisungen von oben. Die Medikamente stimmen, die Therapien sind alles andere als geeignet, aber dieser Mensch wird immer gesünder. Ich weiß auch nicht, wie das zustande kommt. Aber, liebe Natascha, ich habe eine grandiose Idee. Wir beide werden mit einem Schlag das Problem Richter los, und er wird mit Sicherheit direkt zu seinem Herrn Gott marschieren.»

Der Arzt sprach betont lässig, doch Wanja meinte in seiner Stimme etwas Gekünsteltes, Unsicheres herauszuhören, was ihm zeigte, dass Petrow die KGB-Beamtin zu bluffen versuchte.

«Na, dann erzählen Sie mir mal Ihre Idee, Genosse», antwortete Natascha betont skeptisch.

Petrow blieb ruhig und erzählte der Dame die Geschichte mit der Klinik. Er malte die Zustände dort dermaßen aus, dass es Wanja angst und bange wurde.

«Kein Mensch wird dieses Experiment überleben. Und Richter erst recht nicht. Er ist viel zu schwach dafür. Sein Herz wird wahrscheinlich gleich bei der ersten Prozedur aussetzen. Und dann haben wir unsere Sorgen los, nicht wahr?»

Die Schwester schwieg einen Augenblick und erklärte dann bestimmt: «Wir sollten die Sache testen, Petrow. Es ist immer besser, die dreckige Arbeit anderen zu überlassen. Da haben Sie allerdings viel begriffen. Das gefällt mir. Sie sollten sich überlegen, ob Sie nicht ganz in unsere Abteilung wechseln. Da wird das Leben um einiges leichter. Ich weiß, wovon ich rede.»

Der Arzt schwieg. Dann hörte Wanja, wie sie sich verabschiedeten und jeder in eine andere Richtung den Gang entlangging. Einige Minuten später verließ auch Wanja die Ambulanz. Er war fest entschlossen, es mit der Universitätsklinik zu versuchen.

25. Wanja als Versuchskaninchen

Vier Tage später wurde Wanja in die Augenklinik der Universität Kuibyschew verlegt.

Die Klinik unterschied sich deutlich vom Militärhospital. Das betraf nicht nur die Innenausstattung der Räume, die Wanja sofort aufgefallen war. Vor allem die Gesichter der Menschen waren anders – sie wirkten viel freundlicher und ausgeglichener. Unwillkürlich fielen Wanja die Worte des Sergeanten auf dem Einberufungspunkt in Tallinn ein: «Jetzt seid ihr alle noch Menschen. In wenigen Tagen seid ihr nur noch Soldaten.»

Hier in der Klinik hatte er das Armeegelände endgültig hinter sich gelassen. Wanja begegnete wieder Menschen. Die Freundlichkeit der Ärzte und Krankenschwestern überwältigte ihn anfangs immer wieder. «Was bloß der Drill aus den Menschen zu machen vermag», dachte er oft beim Gedanken an seine Zeit beim Militär.

Und wirklich, er dachte zurück. Er war ja immer noch Soldat. Und seine Geschichte sollte noch lange nicht zu Ende sein. Er musste irgendwann wieder zurück in die Kompanie. Aber innerlich hatte er sich schon ganz umgestellt. Die Menschen in der Klinik waren die Ursache dafür.

Aber alles Menschliche vermochte Wanja nicht über die Tatsache hinwegzutäuschen, dass er auch hier kein ganz normaler Mensch war, sondern nur ein «außerordentlicher Patient», wie einer der Ärzte es gegenüber den Krankenschwestern erklärte. Das äußerte sich in einer Ausgangssperre, im Verbot, Gäste zu empfangen, im begrenzten Kontakt zu anderen Patienten und in vielen anderen Dingen.

Eine Woche nach seiner Einlieferung in die Universitätsklinik wurde Wanja zum ersten Mal behandelt. Der von Petrow bezeichnete Professor nahm selbst die Behandlung vor. Er entschuldigte sich höflich bei Wanja und sagte: «Bitte verstehen Sie, Genosse Richter, es ist eigentlich nicht unsere Gepflogenheit, noch unausgereifte Methoden an Menschen auszuprobieren. Aber mein Freund und Schüler Petrow hat Ihnen ja die Situation erklärt. Und Sie waren einverstanden, nicht wahr?»

«Selbstverständlich, Genosse Professor. Ich bin einverstanden», antwortete Wanja pflichtgemäß.

«Es müssen allerdings fast unmenschliche Schmerzen sein, Richter. Wir werden die Behandlung auch nur dann vornehmen, wenn Sie dazu körperlich imstande sind.»

Dann begann er mit seiner Therapie. Gleich bei der ersten Spritze verlor Wanja das Bewusstsein. Als er wieder zu sich kam, lag er in seinem Zimmer. Über ihn beugte sich ... Schwester Natascha aus dem Militärhospital. Sie schien sichtlich zufrieden zu sein mit dem Resultat der ersten Behandlung. Wanja sah sehr angegriffen aus, er war blass und müde. Sein linkes Auge war überdimensional angeschwollen. Hinter Natascha stand ein Wanja unbekannter Mann. Sein Gesicht wirkte einfach quadratisch und ausdruckslos, fand Wanja.

«Gute Arbeit», meinte Natascha gerade, zu ihrem Begleiter gewandt.

«Wir lassen ihn hier», antwortete der Unbekannte, und es klang wie eine Entscheidung. Er drehte sich um und verließ den Raum. Natascha folgte ihm hinaus.

Über eine Woche blieb Wanja im Bett liegen. Ihm war ständig schwindlig und übel. Das medizinische Personal kümmerte sich rührend um ihn. Der Professor besorgte sogar einen Orthopäden, um auch die Knochenbrüche zu bearbeiten. Bald fühlte sich Wanja wieder besser. Erst zwei Wochen nach der ersten Behandlung folgte die nächste. Diese traf Wanja schon nicht mehr so hart. Er verlor nicht einmal die Besinnung. Und wieder bekam er Besuch von dem unbekannten Mann. Dieses Mal kam er allein. Wanja hörte seine Stimme im Flur und stellte sich todkrank. Er hatte die Spielregeln verstanden. Der Unbekannte betrat den Raum in Begleitung des Professors. Dieser sprach von dem unschätzbaren Wert der Experimente für die Wissenschaft und fügte halblaut hinzu: «Die Behandlung kann natürlich im schlimmsten Fall zum Tod des Patienten führen. Es ist auf jeden Fall ein großes Risiko, das wir da eingehen.»

«Wir wissen das. Aber Richter ist, soweit ich weiß, bereit, die damit verbundenen Risiken auf sich zu nehmen», war die kühle Antwort.

Der Professor sah Wanja an und verstand beim Anblick seines röchelnden Patienten, dass dieser jetzt simulierte.

«Sie sehen es ja», sagte er mit einer Geste zum Bett hin, «nach der zweiten Behandlung hat sich Richters Zustand erheblich verschlechtert. Er ist seit Stunden in diesem Zustand. Er macht uns Sorgen. Die dritte Behandlung könnte ihn umbringen.»

«Nehmen Sie sich genügend Zeit, Professor», antwortete der Unbekannte. «Richter braucht nicht vor März zurück ins Hospital.»

Sie unterhielten sich noch eine Weile über die Probleme der modernen Augenmedizin und verließen dann den Raum.

«Dieser Mann ist dein Henker», kam Wanja der Gedanke, als die Tür sich hinter den beiden schloss. Für einen Moment überkam ihn wieder das Gefühl der Angst. Dann begann er zu beten, und im Vertrauen auf seinen Herrn atmete Wanja bald wieder auf.

26. Gott sorgt vor

Ein paar Wochen vergingen. Wanja ging es zusehends besser. Die dritte Behandlung, die wieder im Abstand von zwei Wochen folgte, war zwar immer noch sehr schmerzhaft, aber Wanjas Körper verkraftete sie inzwischen ausgezeichnet.

«Bald sind Sie wieder ganz gesund», ermutigte ihn immer wieder die hübsche Krankenschwester Jelena. Sie hatte sich offensichtlich in Wanja verliebt. Aber er schlug all ihre Annäherungsversuche aus.

An diesem Abend hatte Jelena wieder Dienst. Es war bereits gegen zehn Uhr. Wanja war schon eingeschlafen, als ihn eine harte Berührung aus dem Schlaf riss. Jemand versuchte wohl, ihm eine Spritze zu verpassen. Wanja öffnete seine Augen und sah direkt vor sich das quadratische Gesicht des Unbekannten.

«Sie?» fragte er erstaunt.

«Ihr Zustand hat sich sichtlich verschlechtert, Richter», war die Antwort, und im gleichen Moment spürte Wanja den Stich einer Spritze in seiner Seite. «Jetzt wird es Ihnen besser gehen. Sie werden bestimmt gut schlafen», ergänzte er und verschwand dann eilig aus dem Zimmer.

Wanja wurde es unheimlich. Auf dem Boden entdeckte er die leere Ampulle. Mit zitternden Händen hob er sie auf. Dann wurde ihm schwindlig. Gerade in diesem Moment betrat Schwester Jelena das Zimmer.

«Wanja, wer war das eben?» wollte sie ihn fragen, als sie das kreidebleiche Gesicht sah und sich über ihn beugte. «Wanja, was ist passiert?» schrie sie auf, so dass auch die anderen Patienten davon erwachten.

Doch er konnte nicht mehr reden. Aus seiner Hand rutschte die Ampulle und fiel zu Boden. Jelena beugte sich hinunter, und als sie die Bezeichnung las, schrie sie, was ihre Kehle hergab: «Hilfe, Mord! Hilfe, jemand versucht, Richter zu vergiften!»

Sie lief Alarm schlagend in den Flur. Sekunden später lag Wanja auch schon auf dem Operationstisch. Die Hilfe durch das Gegenmittel kam noch rechtzeitig.

Am nächsten Morgen wurde Wanja vom Chefarzt persönlich besucht. Dieser bat alle Patienten, das Zimmer zu räumen, und fragte ihn über den Besuch am vorigen Abend aus.

«Sind Sie sich sicher, diesen Mann schon einmal hier gesehen zu haben, Richter?»

«Absolut, Genosse Professor. Es war genau der Mann, der mich vor wenigen Wochen mit Ihnen zusammen besuchte. Sie erinnern sich noch? Ich spielte damals den Todkranken.»

«Ich glaube Ihnen ja, Richter. Ich glaube Ihnen gern. Jetzt ist wohl der Zeitpunkt gekommen, unsere Anstalt zu verlassen. Es wird gefährlich hier. Verstehen Sie? Sie müssen zurück ins Militärhospital.» Der Professor gab Wanja noch ein paar allgemeine Ratschläge, was seinen weiteren Gesundungsprozess anging, und verabschiedete sich dann herzlich von seinem «außerordentlichen Patienten».

«Nächsten Montag werden wir Sie dann zurück ins Hospital bringen. Ich wünsche Ihnen auch weiterhin Gottes Bewahrung, Richter. Ich glaube zwar nicht an Gott, aber wenn ich alle Zufälligkeiten so zusammenzähle, die Ihnen schon das Leben gerettet haben, dann kann es unmöglich ohne die Einmischung höherer Gewalten zugegangen sein», sagte er nachdenklich und ging.

Wanja genoss seine letzte Woche in der Klinik. Ob die Leute wussten, was mit ihm passierte, oder nicht – in dieser Woche waren sie jedenfalls alle besonders freundlich zu Wanja, wie ihm schien.

Am Donnerstag kam Schwester Jelena ganz aufgeregt ins Zimmer gelaufen.

«Wanja», sagte sie erregt, «deine Mutter ist gekommen. Du freust dich bestimmt darüber.»

Wanja sah die Krankenschwester ungläubig an.

«Ich habe seit Monaten keine Post mehr von zu Hause bekommen. Meine Mutter weiß wahrscheinlich gar nicht, wo ich zur Zeit bin», gab er ihr nur zur Antwort.

In diesem Moment öffnete sich die Tür, und eine kleine Frau, etwa Mitte fünfzig mit einem typisch bäuerlichen Gesicht, trat ein. Ohne zu zögern, ging sie auf Wanja zu, umarmte und küsste ihn.

«Mein Sohn, oh mein Sohn», sagte sie dabei immer wieder. Während sie ihn umarmte, flüsterte sie ihm ins Ohr: «Ich bin deine Schwester im Herrn. Der Herr hat mich zu dir geschickt. Lass mich heute deine Mutter sein.»

Wanja verstand zwar nicht viel, aber er spielte etwas ungern das Spiel mit. Jelena freute sich riesig. Wanjas Mutter war gekommen. In wenigen Augenblicken hatte sie die übrigen Patienten gebeten, das Zimmer zu verlassen.

«So könnt ihr euch ungestört unterhalten», meinte sie beim Hinausgehen.

«Mein Name ist Maria Pawlowna», stellte sich die Unbekannte vor. «Heute Nacht hatte ich einen Traum», fuhr sie fort. «Ich sah diese Klinik und dieses Zimmer und dich darin. Um die Klinik herum habe ich viele böse Menschen gesehen, und alle wollten dir etwas antun. Ich glaube, sie wollten dich umbringen. Dann sah ich eine Gestalt, die einem Engel glich. Sie sagte zu mir, ich soll ein heißes Essen kochen und zu dir gehen. Es waren wunderbare Worte, so etwas wie: ‹Mein Diener ist schwach und braucht Trost und Stärkung. Geh hin zu ihm und werde seine Mutter.› Dann verschwand das Bild, und ich bin aufgewacht. Ich wusste sofort, dass der Traum vom Herrn war, und deshalb habe ich Pelemeni[19] gekocht und mich beeilt, hierher zu kommen.»

In ihren Augen standen Tränen, als sie die Geschichte erzählte. Ihr ansonsten grobes Gesicht wurde dadurch auf einmal jung und schön. Dann griff sie zu ihrem geflochtenen Korb und holte daraus ein gut verpacktes Glas hervor, gefüllt mit Pelemeni.

«Sie sind noch warm», sagte sie. «Ich habe sie extra warm verpackt. Ich wohne ziemlich am Rande der Stadt und musste über eine Stunde mit der Bahn zur Klinik fahren, weißt du. Ich hoffe, die guten Pelemeni sind nicht kalt geworden.»

Wanja war dermaßen bewegt, dass er zunächst keine Worte fand. Hier schickte Gott einen Menschen zu ihm mit seinem Lieblingsgericht. Einen nie zuvor gesehenen Menschen! Wer wollte diese Gnade begreifen! Er war sprachlos. Erst als er einige der herrlichen Pelemeni gegessen hatte, löste sich seine Zunge.

«Liebe Schwester», sagte er, «in wenigen Tagen muss ich zurück ins Militärhospital. Man hat tatsächlich versucht, mich umzubringen. Aber unser Herr hat bisher alle ihre Pläne vereitelt. Und jetzt kommst du hierher. Oh Gott, Du bist groß!»

Wanja weinte vor Glück.

In diesem Moment kehrte Jelena zurück. Ihr Gesicht war bekümmert.

---

[19] Ein russisches Nationalgericht, vergleichbar mit unseren Maultaschen.

«Wanja, diese Krankenschwester aus dem Hospital ist da. Sie redet gerade mit dem Professor. Ich schlage vor, du verschwindest hier.»

«Natascha! Ich glaube, sie ist gekommen, um mich zurückzuholen», sprach Wanja bedrückt aus.

Nachdem die Schwester die Tür wieder zugemacht hatte, sagte er bewegt: «Danke dir, Maria Pawlowna. Ich glaube, du bist heute ein Engel Gottes gewesen. Geh jetzt, sonst hast du auch noch Schwierigkeiten.» Er umarmte die Glaubensschwester liebevoll.

«Aber die Pelemeni lasse ich dir hier. Iss sie nur alle. Sie werden dich stärken», sagte sie, nahm ihren Korb auf und ging zur Tür.

Wanja folgte ihr noch und bemerkte, wie sie sich die Tränen mit ihrem großen, bunten russischen Tuch abwischte.

«Gott hat mir wirklich eine zweite Mutter gegeben», sagte er leise in seinem Herzen.

Plötzlich sah er am Ende des Ganges den Professor mit Natascha an seiner Seite auf ihn zukommen. Er durfte keine Zeit mehr verlieren. Er schloss die Tür und war fieberhaft am Überlegen, wo er sich bloß verstecken könnte. In diesem Moment öffnete sich die Tür, und Jelena stürmte mit einem Besen herein.

«In den Schrank, Wanja», befahl sie.

Im Nu war Wanja im Schrank verschwunden. Jelena begann systematisch, sein Bett abzuziehen.

Kurz darauf öffnete sich die Tür. Natascha betrat in Begleitung des Professors das Zimmer.

«Schwester, Sie hier? Und wo sind die Patienten?» fragte der Chefarzt, erstaunt über den unzeitigen Bettenwechsel. «Ja, und seit wann wechseln Sie am Nachmittag die Betten?» wollte er nach einer Weile wissen.

«Patient Richter hat das Bett voll gemacht», log Jelena

gleichmütig. «Ihm scheint es wieder schlechter zu gehen, Genosse Professor», fügte sie hinzu.

«Diese Frau lügt», wurde sie auf einmal von Natascha unterbrochen. «Richter geht es nach unseren Informationen bestens, und er kommt sofort mit mir zurück ins Militärhospital.»

«Warten Sie mal, Genosse Professor», mischte sich Jelena wieder ein. «Ich meine, ich habe diese Frau in Begleitung des Mannes gesehen, der versucht hat, Patient Richter zu vergiften.»

«Was für eine Dummheit», sagte Natascha ärgerlich.

Aber Jelena gab nicht nach: «Doch, ja, Professor, das muss sie sein.»

«Man hat tatsächlich versucht, Richter nachts zu vergiften», bemühte sich der leitende Arzt, durch eine Erklärung die Situation etwas zu entspannen. «Die Krankenschwester war gerade zur Stelle und rettete ihm das Leben. Seitdem sehen unsere Mitarbeiter in jedem den Mörder. Entschuldigen Sie bitte.»

«Gehen wir», entgegnete Natascha kurz. Sie schien bei der nun entstandenen Situation kalte Füße zu bekommen. Die Sache war also bekannt geworden. Und sie wollte auf keinen Fall öffentlich mit einem Mord in Verbindung gebracht werden.

«Petrow wird Richter am Samstag holen. Bitte teilen Sie das dem Soldaten mit, wenn er wieder zurückkommt», sagte sie auf dem Gang, zum Professor gewandt.

«Du kannst dein Versteck jetzt verlassen», rief Jelena nach einer Weile fröhlich. «Die Hexe ist weg.»

«Das hast du gut gemacht, Jelena», bedankte sich Wanja. «Aber die Sache mit dem voll gemachten Bett kann ich dir nicht sofort verzeihen», scherzte er.

Sie lachten beide.

Die Nacht von Donnerstag auf Freitag, den ganzen Freitag und die nächste Nacht verbrachte Wanja im Gebet. Wo es nur ging, versteckte er sich vor möglichen Beobachtern und betete. Er bereitete sich vor. Es würde ein neues Kapitel des Kampfes werden. Noch war er nicht aus der Höhle des Löwen entkommen. Aber die ersten Mut machenden Zeichen waren doch schon deutlich zu sehen.

In der letzten Nacht, die Wanja in der Klinik verbrachte, schien er auf einmal deutlich eine Stimme zu hören, die zu ihm sprach: «Du wirst leben, weil ich es so will.»

Ein tiefer Friede überkam Wanja in diesem Moment. Mit Tränen in den Augen dankte er Gott für seinen Trost. Dann schlief er ruhig ein.

27. Liebet eure Feinde

Langsam öffnete sich das Tor. Wanja betrat den Hof seiner Kompanie. Es war Frühling geworden. Alles grünte und blühte. Das war die beste Jahreszeit. Leben breitete sich aus. Auch der Rasen, den sie letztes Jahr auf Befehl des Kommandeurs zum Besuch des Generals aus Moskau grün angestrichen hatten, hatte die chemische Behandlung überlebt.

Wanja erinnerte sich an diese lustige Begebenheit und schmunzelte. Es war im Hochsommer gewesen. Die dünne Rasenschicht hielt der brennenden Sonne nicht stand. Um dem General einen intakten Garten vorzutäuschen, ließ der Kommandeur den Rasen kurzerhand grün anstreichen. Und Wanja hatte das «Glück», diese Schandtat begehen zu dürfen. Damals dachte er, dass der Rasen nun für immer tot wäre. Und jetzt hatte das Leben trotz all der bürokratischen Dummheit gesiegt.

Das Tor schloss sich wieder hinter Wanja. Er drehte sich um und folgte dem Torflügel mit seinem Blick. Vor seinen Augen stand auf einmal seine Ankunft in der Einheit vor zwei Jahren. Damals war ihm angst und bange beim Betreten dieses Hofes. Jetzt war jede Angst einem tiefen Gefühl der Geborgenheit gewichen. Ein Gefühl, das nur den Erfahrenen vergönnt ist. Er, Wanja, hatte Erfahrungen gemacht. Und sie hatten ihn Vertrauen gelehrt, Vertrauen in Gott.

Es war Mittagszeit. Die Offiziere, Soldaten und sonstige Bedienstete waren alle im Speisesaal. Früher hätte Wanja sich beeilt, um wie alle anderen so schnell wie möglich einen guten Platz im Speisesaal zu ergattern. Jetzt ging er gemächlich, etwas gebückt wegen der immer noch nagenden Schmerzen im Rücken, zum Speisesaal hinüber. Er war jetzt pensioniert. Sein Soldatendasein hatte ein Ende. Nur wenige Wochen vor Abschluss der regulären Dienstzeit wurde er als Kriegsinvalide der Gruppe 3 ausgemustert.

Langsam ging er am Hauptgebäude vorbei. Hier im dritten Stock residierte Oberst Karjerow, der ihm vor fast zwei Jahren versprochen hatte, ihn niemals lebendig vom Gelände gehen zu lassen. «Mit Sicherheit hat *er* den Befehl zum Mord gegeben», dachte Wanja. «Und doch wurde nichts daraus. Gott hat sich als stärker erwiesen.»

Plötzlich fing Wanja an, laut zu lachen. Er sah dabei komisch aus. Dünn wie eine Nadel, etwas krumm im Gang und mit einem fast gänzlich kahlen Kopf, wirkte er auf die Umstehenden wohl wie eine lebendige Leiche. Und er lachte! Nein, Wanja empfand keine Bitterkeit. Er freute sich an seinem ihm auf wunder-volle Weise wiedergeschenkten Leben. Sein Körper verriet zwar noch die Leiden der letzten Monate. Aber die Augen funkelten vor Freude.

So betrat er den Speisesaal. Am dritten lang gezogenen Tisch saßen seine Freunde aus der Werkstatt. Dunkin bemerkte ihn als Erster.

«Richter ist zurück!», brüllte er plötzlich so laut, dass er die Geräusche der Unterhaltung von hunderten Soldaten übertönte.

Alle wurden auf einmal ganz still. Wie auf Kommando sprangen seine Freunde auf und drehten sich zur Tür. Dort stand Wanja. Ein breites, freundliches Lächeln überzog sein ganzes Gesicht. Dann stürmten sie zu ihm. Wanja kamen die Tränen. Diese Menschen mochten ihn, trotz der von oben auferlegten feindlichen, bösartigen Stimmungsmache, trotz aller Hetze. Sie hatten seine Liebe verstanden. Er begrüßte sie, seine Freunde.

Auf einmal stand ein anderer direkt vor Wanja. Es war Raschid Abdulajew. Auch er wollte Wanja in diesem bewegenden Moment die Hand drücken.

«Du bist für mich ein heiliger Mann», sagte er leise. «Ich werde dich nie vergessen.»

«Gott allein ist heilig», antwortete Wanja und reichte ihm die Hand. Er wollte noch etwas Freundliches sagen, aber die Menge drängte ihn von Abdulajew weg.

Über eine Stunde dauerte die Begrüßung von Wanja. Längst waren alle erlaubten Verzögerungen im Speisesaal überschritten. Doch die Offiziere schritten nicht ein. Es war eine eindrucksvolle Solidaritätsbekundung mit einem Menschen, den sie alle nach dem Buchstaben des Militärgesetzes hassen sollten. Seine von Gott geschenkte Liebe hatte diese Gesetze für einen Augenblick außer Kraft gesetzt.

Für den Abend hatten Wanjas Freunde eine Wiedersehensparty geplant. Um das Gelingen des Festes sicherzustellen, verursachte einer der Schlosser mit dem persönlichen Wagen des Kommandeurs einen kleinen Unfall. In solchen Fällen musste die gesamte Abteilung garantiert zum Nachteinsatz. Der Trick gelang auch dieses Mal.

Auf dem Weg zur Werkstatt traf Wanja auf Peredelko, nun in der Uniform eines Feldwebels. Mit gesenktem Kopf versuchte er, quasi unerkannt an Wanja vorbeizugehen. Doch Wanja sprach ihn an.

«Hallo, Roman», begrüßte er ihn freundlich. «Gratuliere, du bist also höhergestiegen. Du bist Feldwebel geworden.»

Peredelko blieb stehen und schwieg eine Weile. Dann

antwortete er, ohne den Blick zu heben: «Wanja, ich weiß, ich bin ein Verräter und ein Feigling. Ich bin an allem schuld! Es tut mir leid.»

Seine Stimme bebte.

«Ist schon gut, Roman. Ich weiß, dass du es unter ihrem Druck tun musstest. Ich habe dir längst vergeben.»

Erst jetzt sah Peredelko ihn an. Er weinte.

«Ich wollte es nicht, Wanja. Aber sie zwangen mich. Sie drohten mir im Fall meiner Verweigerung, mich aus der Armee zu feuern. Du weißt doch, bei mir hängt alles an diesem Dienst: mein Haus, meine Karriere, meine Familie. Ich ...»

Er wollte noch etwas sagen, aber die Tränen erstickten seine Stimme.

«Du brauchst nichts mehr zu sagen, Roman. Die Sache ist vergeben und vergessen. Ich habe auch dich lieben gelernt, weil Gott dich lieb hat, weißt du. Wie sollte ich dich nicht lieben, Roman? Auch meine Sünden haben Jesus, den Sohn Gottes, umgebracht. Ich bin mit sein Mörder geworden. Und er hat mir in seiner Gnade vergeben und mich zu einem Menschen gemacht, der ebenfalls vergeben kann. Deshalb kann ich auch dir vergeben.»

Auf einmal fiel Peredelko Wanja um den Hals. Beide weinten.

«Ich will auch so werden, wie du bist, Wanja», sagte er durch die ihn würgenden Tränen. «Bitte hilf mir dabei.»

«Ich kann dir unmöglich helfen, Roman», antwortete Wanja, ebenfalls bewegt, «aber Gott wird dir helfen. Suche ihn!»

Die Sonne war längst untergegangen. Der Vollmond verursachte lange Schatten, die von allem ausgingen, was auf dem Gelände des technischen Parks herumstand. In der Mitte des großen, leeren Hofes standen Wanja und Roman und weinten. Ihre Schatten zogen sich einzeln über den Hof, bis sie sich an einem Punkt fanden und in einen gemeinsamen Schattenfall übergingen.

Die Nacht begann. Eine helle Nacht. Viel heller als alle Nächte vorher.

Nachwort

Menschen, die diese Geschichte gelesen haben und mich dann in den letzten Jahren persönlich erlebt haben, staunen immer wieder:

«Was, Sie haben das alles erlebt und sehen doch so wohlerhalten aus? Wo sind denn all Ihre Narben?»

«Die Narben hat Gott geheilt», sage ich dann glücklich und erzähle die Fortsetzung dieser Geschichte. Die Rückkehr nach Kochtla-Järve in Estland, meine Heimatstadt. Das schreckliche Urteil der Ärzte, die mir bloß eine Lebenserwartung von vielleicht noch zwei Jahren zusprachen. Und dann die Begegnung mit der alten Schwester Tina, die als Erste die Zuversicht aussprach, dass ich nicht sterben würde, sondern dass Gott einen großen Plan mit mir habe. Sie war es auch, die mich eines Tages nach Leningrad schickte. Ich sollte dort zum Ältesten der dortigen Baptisten-Gemeinde fahren, und er würde dann für mich beten. Gott habe ihr versprochen, ein großes Wunder an mir zu tun. Und ob ER es tat! Ich fuhr nach Leningrad und erlebte das überwältigende Wunder einer Glaubensheilung.

Tja, das ist aber wieder eine andere Geschichte. Und auch sie hat Gott geschrieben. Eine Geschichte des Glaubens, der immer auch auf Verwirklichung und praktische Umsetzung drängt. Ob sie spannend war? Und ob! Wie alles, was Gott in einem Menschenleben tut. Bei mir war und ist das so. Es ist herrlich, wenn Gott seine Geschichte mit uns persönlich schreibt. Viel spannender, als es ein Buch erzählen kann. Aber wem erzähle ich das – Sie wissen es doch selber, oder?!

Nicht? Aber warum denn nicht? Es ist doch so einfach. *Er*, der Herr, ist uns Menschen nahe! Glauben Sie mir, ich weiß, wovon ich spreche.

Johannes Reimer
Bergneustadt im Januar 2005